진화와 윤리

고전오디세이 01

진화와 윤리

19세기 자유주의 과학인의 멘토 토마스 헉슬리의 윤리 선언

토마스 헉슬리 지음 | 이종민 옮김

산지니

일러두기

1. 이 책은 토마스 헉슬리의 *Evolution and Ethics And Other Essays*(Macmillan And Co, 1894) 가운데 엄복이 『천연론』 번역의 저본으로 삼은 *Evolution and Ethics—The Romanes Lecture*(1893)와 *Evolution and Ethics—Prolegomena*(1894)의 전문을 번역한 것이다.

2. 원문의 주석은 미주로 처리하고 역자 주석은 각주로 처리한다.

3. 이 책의 머리말은 *Evolution and Ethics And Other Essays*의 머리말 가운데 *Evolution and Ethics*에 관련된 내용을 번역한 것이다.

차례

해제:

헉슬리, 엄복 그리고 「진화와 윤리」

이종민

Evolution and Ethics

1.

　　중문학 전공자인 필자가 토마스 헉슬리의 「진화와 윤리」를 접하게 된 것은 중국철학 전공자인 양일모, 강중기 선생이 주도한 엄복[1]의 『천연론』 번역 팀에 참여하면서부터였다. 물론 대학원 시절 중국 근대사상사를 공부하는 과정에서 엄복의 『천연론』이 중국 및 동아시아 근대사상의 형성에 끼친 영향력과 그 저본으로서 헉슬리의 「진화와 윤리」에 대해 상식적인 수준에서나마 알고는 있었다. 하지만 막상 『천연론』을 들

---

1) 엄복(嚴復, 1853~1921)은 복건성 복주시 출신이며 복주선정학당을 졸업하고 영국 왕립해군학교에 유학하였다. 귀국항 복주선정학당 교원, 북양수사학당, 복단공학, 안경고등학당, 북경대학의 교장을 역임했다. 근대 중국의 계몽사상가이며 학자이자 번역가였다.

여다보니 동성파 고문[2] 특유의 난해한 문장과 서구 근대사상을 표현하기 위해 만든 생소한 신조어 등의 난제로 인해 그 의미조차 파악하기가 쉽지 않았다. 이러한 장벽 앞에서 필자는 문장 해독능력의 한계를 절감했을 뿐 아니라, 『천연론』속에 내장되어 있는 서구 근대사상의 맥락, 특히 19세기 영국 사회사상에 대해 무지하다는 사실을 깨닫게 되었다.

자유방임적 사회진화론의 입장에 서 있던 스펜서를 추종한 엄복이 왜 스펜서와 상반된 입장을 취한 헉슬리의 텍스트를 번역의 저본으로 삼은 것인지, 또 진화론을 포함한 자연법칙을 통해 과학적 정체성을 확립해나가던 헉슬리가 왜 말년의 「진화와 윤리」에서는 자연법칙을 인간사회에 적용하는 것을 반대하고 윤리도덕을 통해 인간사회를 건설하는 것이 진보적인 일이라고 인식한 것인지 등의 문제가, 엄복의 독특한 번역 과정을 거쳐 『천연론』속에 고스란히 드러나 있었던 것이다. 이러한 문제에 대한 이해가 선행되지 않은 상태에서는, 엄복이 헉슬리의 원문을 번역하고 난후 '엄복의 해설(復案)'을 달

---

2) 동성파: 중국 청나라 때 고문가(古文家)의 한 파. 당송팔대가(唐宋八大家)의 문장을 본받아 간결하고 꾸밈이 없으며 격조 높은 산문 문체를 확립하였다. 안휘성(安徽省)의 동성현(桐城縣) 출신 방포(方苞), 유대괴(劉大櫆), 요내(姚鼐) 등이 대표적인 인물이다.

아 스펜서의 시각에서 헉슬리를 비평하는 글을 부가하고, 또 세계는 자유방임적 주체들이 생존경쟁을 벌여나가는 정글이라는 진화론적 시각을 수용하면서도 중국의 망국적 위기 상황을 극복하기 위해 사회의 결속(合群)을 강조하는 논리로 나아가는 등 상호 모순적으로 보이는 문제를 파악할 수가 없었다.

그래서 『천연론』을 독해할 때 「진화와 윤리」[3]의 해당 구절과 대조하며 그 의미를 추적해나갔는데, 통상적인 번역이 아닌 엄복 특유의 '번역' 방식에 곤혹스러움을 느끼게 되었다. 엄복 역시 『천연론』의 번역 방식이 부득이한 상황에서 발생한 일임을 암시하며, 「번역범례」에서 번역의 세 가지 어려움, 즉 원문에 충실하고(信), 의미를 전달하며(達), 규범 있는 문장(雅)으로 번역하는 일에 대한 언급을 통해, 「진화와 윤리」의 번역 과정에서 느꼈던 곤혹스러움을 토로하고 있다. 그러면서 엄복은 "번역서(천연론-역자)에서는 원문의 심오한 의미를 밝히기 위해 때로는 단어와 구문의 순서를 바꾸기도 하고 원문에 없는 것을 추가하기도 하였다. 자구의 순서에 얽

---

3) 필자가 참고한 원전은 토마스 헉슬리의 *Evolution and Ethics And Other Essays*(Macmillan And Co, 1894) 가운데 엄복이 『천연론』 번역의 저본으로 삼은 *Evolution and Ethics—The Romanes Lecture*(1893)와 *Evolution and Ethics—Prolegomena*(1894)이다.

매이지 않았지만, 그 의미가 원문에서 벗어난 것은 아니었다. 나는 이러한 번역을 '의역[達恉]'이라 명명하고 '직역[筆譯]'이라는 말을 쓰지 않았다. 이는 원문에 없는 설명을 덧붙였기 때문이며, 사실 올바른 번역방법은 아니다."[4]라는 언급을 덧붙이고 있다.

실제로 1898년 신시기재(愼始基齋)에서 간행된 『천연론』을 보면, 오여륜 서와 엄복 자서 그리고 「번역범례」를 실은 후 「진화와 윤리」를 본격적으로 번역하기에 앞서, 책의 서지 사항을 '英國 赫胥黎 造論', '侯官 嚴復 達恉'라고 적고 있다. 이는 통상 오늘날의 번역서 표지에 보이는 '아무개 저, 아무개 역'에 해당하는 내용인데, 엄복이 「번역범례」에서 언급한 것처럼 '직역[筆譯]'이라는 말을 쓰지 않고 '후관 출신의 엄복 의역[達恉]'이라는 말을 쓰고 있다는 점은 주목할 만하다. 이 '達恉'라는 방식이 어떠한 번역을 의미하고 있는지 「진화와 윤리」 첫 단락에 대한 『천연론』의 번역 사례를 통해 살펴보자.

가) 「잭과 콩나무」라는 제목의 재미있는 동화는 이 자리에

---

4) 엄복, 『천연론』 (양일모, 이종민, 강중기 옮김, 소명출판, 2008), 37-38쪽

참석한 나의 동년배들이 매우 잘 알고 있는 이야기입니다. 그러나 근엄하고 고귀한 대다수의 젊은 세대들은 엄격한 지적 교양 속에서 성장하여, 아마도 비교신화학의 입문서를 통해 요정의 나라만을 알고 있을지 모르기 때문에, 이 이야기의 줄거리를 간략히 설명할 필요가 있을 것입니다. 이 이야기는 하늘 끝에 도달할 때까지 자란 후, 그곳에서 거대한 잎으로 하늘을 뒤덮은 콩나무에 관한 전설입니다. 콩나무 줄기를 타고 하늘에 오른 주인공은 무성한 잎이 하늘의 세계를 떠받치고 있는데, 그곳은 이상하고 새롭기는 하지만 땅의 세계와 똑같은 요소로 구성되어 있다는 점을 발견합니다. 그곳에서의 모험은, 내가 자세히 설명할 수는 없지만, 사물의 본성을 바라보는 그의 관점을 완벽하게 바꿔놓았습니다. 물론 이 이야기는 철학자들에 의해 만들어진 것도 아니고 철학자들을 위해 만들어진 것도 아니어서, 주인공의 관점에 대해 아무런 언급이 없지만 말입니다.

　내가 최근에 했던 탐험은 이 용감한 모험가의 탐험과 비슷한 점이 있습니다. 나는 여러분들에게 콩 한 알의 도움을 받아, 많은 사람들에게 이상하게 느껴질 수 있는 한 세계에 함께 접근해보자고 청하고 싶습니다. 여러분들이 알고 있듯이 콩은 단순하고 활성이 없어 보이는 사물입니다. 그러나 적합한 조

건 즉 충분하게 따뜻한 온도가 가장 중요한 요소 가운데 하나
인 그러한 조건하에서 재배된다면, 콩은 매우 놀라운 활력을
드러낼 것입니다. 땅의 표면에 돋아난 작고 푸른 싹은 신속하
게 자랄 뿐만 아니라 동시에 일련의 변형을 겪게 됩니다. 하지
만 전설 속에서 접한 일과 같은 놀라움을 던져주지 못하는데,
이는 단지 우리가 그러한 일들을 매일 그리고 하루 종일 볼 수
있기 때문입니다.[5]

　나) 도(道)는 하찮은 것일수록 더욱 사실에 가깝다. 지극히
미미한 것일지라도 그 본성을 끝까지 탐구하면 만물의 본성을
다 알 수 있으며, 그 이치를 궁구하면 만물의 이치를 다 알 수
있다. 다만 자신의 지적 능력을 잘 활용하는 것에 달려 있을
뿐이다. 어찌 고원한 것을 탐구해야 대단한 것이라 하겠는가?
ㅡ 이에 대해서는 베이컨이 처음으로 언급하였다. 베이컨은 다
음과 같이 말했다. 자연과학의 대상은 모두 주재자가 정성을
다해 만든 것으로, 바로 우리들이 탐구해야 할 대상이다. 하늘
이 만물을 만들 때는 본래 귀천과 경중을 구별하는 마음이 없
었다. 그래서 인간의 생각만을 가지고 사물의 귀천과 경중을

---

5) 헉슬리, 본서, 55-56쪽

구분한다면, 이는 도와 거리가 먼 일이다. 그렇다면 무엇이 자연과학의 연구 대상이 될 수 있는가?

지금 새끼줄 두 가닥으로 울타리를 쳐 화단을 만들고 씨앗 몇 알을 뿌리면, 그 씨앗은 눈에 잘 띄지도 않고 한 줌도 되지 않는 물건에 불과하다. 그렇지만 원예사가 씨앗의 성질에 맞게 배양을 하고 비와 햇볕이 충분하게 공급된다면, 얼마 지나지 않아 씨앗의 내부에 있던 힘이 밖으로 뻗어나가고 바깥의 껍질은 수축될 것이다. 처음에 새싹이 돋아나면 바로 뻗어나기 시작하여 순식간에 무성해지고 순식간에 견고하게 성장할 것이다. 시시각각 이전의 모습에서 벗어나 새롭게 변하지만, 사람들은 그러한 변화를 느끼지 못하며, 느끼더라도 경이롭게 여기지 않는다. 이상한 것을 보면 놀라워하지만, 늘 보던 것은 자세히 살펴볼 필요가 있다고 생각하지 않는다. 이것이 평생토록 보면서도 그 이치를 모르는 자가 많은 까닭이다.[6]

로마니즈 강연의 첫 단락인 가)에서 헉슬리는 익히 알고 있는 동화 「잭과 콩나무」를 비유로 들어, 단순하고 활성이 없어 보이는 콩이 적합한 조건 속에서 재배된다면 하늘을 뒤덮은

---

6) 엄복, 앞의 책, 142-143쪽

동화 속의 콩나무처럼 놀라운 활력을 드러낼 수 있는데, 사람들은 그러한 콩의 변화를 매일 일상적으로 접하기 때문에 그 속에 감춰진 놀라운 잠재력을 통찰하지 못한다고 얘기하고 있다. 나)는 이 단락의 『천연론』 번역인데 슬쩍 읽어보아도 직역의 방식을 취하지 않는다는 사실을 알 수 있다. 우선 엄복은 중국에 알려지지 않은 서양 동화 「잭과 콩나무」의 이야기를 생략하고, 익숙한 "도" 개념을 통해 사물의 본성을 끝까지 탐구하면 만물의 이치를 궁구할 수 있다는 서술로 대체하였다. 사실 로마니즈 강연 전체로 볼 때 「잭과 콩나무」 이야기는 청중의 관심을 끌기 위해 서두에 잠시 꺼낸 말이 아니라, 강연 곳곳에서 헉슬리가 자신의 논지를 전개하기 위해 즐겨 사용하는 비유이다. 「잭과 콩나무」의 이야기가 로마니즈 강연 전체에서 차지하는 비중으로 보면 쉽사리 생략할 수 있는 부분이 아니지만, 엄복은 중국인에게 생경한 비유를 살리기보다는 전체적인 논지를 익숙하게 전달하는 방식을 취하였다. 다시 말하면 헉슬리가 「잭과 콩나무」의 이야기를 통해 제기하려고 한 '식물의 씨앗에 내재한 자연 진화의 순환원리' 를, 엄복은 생경한 비유를 생략한 채 중국인이 쉽게 이해할 수 있고 또 앞 장의 '도언' 에 등장한 바 있는 정원 속 식물의 씨앗을 비유로 들어 그 뜻을 전달했던 것이다.

직역이 정착된 현재의 관점에서 보면 이러한 방식은 번역이 아니라 자의적 해석이라는 논란의 여지가 있지만, 엄복의 고백에서 드러나듯이 이는 번역 역량의 한계로 인한 불가피한 측면이라고 볼 수 있다. 하지만 이러한 '의역[達恉]'의 방식으로 인해 오히려 중국 지식인들에게 상당한 반향을 불러일으킴으로써 독자와의 접근성 면에서 볼 때 성공적인 번역이라고 평가할 수도 있다. 실제로 1970년대 중국 대륙에서 헉슬리의 같은 글을 충실하게 직역한 책[7]이 출판된 적이 있으나 당시 아무런 반응도 얻지 못했다.

이러한 '의역[達恉]'의 번역 방식과 아울러 필자를 곤혹스럽게 한 것이 바로 헉슬리의 「진화와 윤리」를 해석하는 엄복의 시각이었다. 엄복은 「진화와 윤리」를 상권 도언(導言) 18편, 하권 논(論) 17편으로 구성하여 번역한 후 편마다 '엄복의 해설(復案)'을 달아, 스펜서의 자유방임적 사회진화론 입장에서 인간사회의 윤리의식을 강조하는 헉슬리의 시각을 비판하였다. 필자는 이러한 '엄복의 해설'에 대해 줄곧 의문을 품으면서 헉슬리의 원 텍스트를 떠올렸는데, 이는 엄복이 헉슬리의 텍스트를 읽으면서 스펜서의 시각을 부각시킨 것과 대조적

---

7) 『進化論與倫理學』飜譯組 譯, 『進化論與倫理學』, 科學出版社, 1971

인 사유라고 할 것이다. 이러한 입장 차이가 생긴 것은 「진화와 윤리」 자체에 중층적인 해석 가능성이 있어서이기도 했지만, 무엇보다 어떠한 관심에서 텍스트를 해석하느냐에 기인하는 문제이다. 19세기 말 제국주의 시대에 살았던 엄복은, 인간 사회의 변화를 추동하는 생존경쟁의 힘을 신뢰하며 위기에 처한 민족과 국가를 부강한 상태로 만들어나갈 수 있는 방법에 관심이 있었다. 선동적인 도덕윤리로 인해 세계의 변화에 도태되어 존망의 위기를 맞이한 엄복의 입장에서 볼 때, 윤리적 정당성에 대한 반복보다는 세계 진화의 현실적 힘을 승인하여 중국사회의 변혁을 추진하는 것이 시대적 진보를 의미하는 일이었기 때문이다. 엄복이 「진화와 윤리」를 『천연론』이라는 제목을 사용하여 윤리보다 진화의 측면을 부각시켜 번역한 것도 바로 이러한 관심에서 비롯된 일이다.

엄복이 『천연론』을 번역한 1898년으로부터 100년이 훨씬 지난 오늘날에도 여전히 생존경쟁과 우승열패의 진화원리가 인간사회를 지배하고 있다. 엄복의 시대에는 존망의 위기에 처한 민족을 구원하기 위해 국가의 부강과 사회적 결속을 이루는 일이 중요한 공동의 과제였지만, 지금은 국가와 민족을 초월한 신자유주의적 무한경쟁만을 강조하여 구성원들이 안전하게 생존할 수 있는 최소한의 사회 보호망마저 위태로운 실정이다. 오히려 지금이 엄복의 시대에 비해 생존경쟁은 더 냉혹해지고 사회적 결속을 위한 윤리의식은 더 희박한 상태라 해도 과언이 아니다. 필자가 엄복의 「진화와 윤리」 해석을 수긍하지 못한 것도 바로 이러한 시대적 관심의 차이 때문이었다. 「진화와 윤리」의 번역[8]은 이렇게 시작되었다.

2.

19세기는 흔히 과학의 시대로 불리지만 사회, 정치, 교육, 법률 그리고 종교 분야의 논의가 과학적인 방법을 통해 사고되어야 하고, 부인할 수 없는 증거를 통해 논의가 진행돼야 한다고 주장한 과학인 헉슬리의 존재가 없었다면, 아마도 진정한 과학의 시대는 다음 세기로 연기되었을지 모른다. 이러한 맥락에서 헉슬리를 19세기 자유주의 과학인의 멘토라 불러도 손색이 없을 것이다. 헉슬리의 정력적인 활동 덕분에 과

---

8) 「진화와 윤리」 번역은 『천연론』(양일모, 이종민, 강중기 옮김, 소명출판, 2008) 출간과 동시에 『중국현대문학』 제47집(2008. 12)에 게재되었다. 그러나 로마니즈 강연 노트 및 역자 주 그리고 해제 작업을 하지 않은 상태여서 출간을 미루었는데, 2009년 김기윤 선생이 강연 노트를 제외한 「진화와 윤리」를 지만지 고전선집에서 번역 출간하였다. 이번 역서는 본인의 예전 번역을 바탕으로 강연 노트 번역을 추가하여 출간한 것임을 밝힌다.

학은 19세기 후반에 이르러 사회의 인정을 받는 학문으로 자리하게 되었고, 후배 과학인들은 이러한 지적 풍토의 전환 속에서 과학으로 생계를 유지할 수 있는 여유를 누리게 되었다. 먼저 헉슬리의 생애[9]에 대해 간략히 살펴보자.

토마스 헨리 헉슬리(Thomas Henry Huxley)는 1825년 5월 4일 잉글랜드의 일링(Ealing)에서 태어났다. 헉슬리의 아버지는 일링 지역 사립학교의 교사였다. 하지만 재정난으로 학교가 문을 닫으면서 여덟 형제자매 중 막내였던 헉슬리는 초등교육을 제대로 끝내지 못했다. 그래도 헉슬리는 결혼하여 런던에서 살고 있던 누나의 집에서 생활하며 왕성한 독서욕을 충족시킬 수 있었고, 과학은 물론 고전문학, 철학, 외국어 등을 차근차근 계획을 세워가며 공부했다. 1841년 가을에 헉슬리는 누나와 의사였던 자형의 도움으로 시드넘 칼리지(Sydenham College)에 등록하여 의학, 화학, 해부학 강좌를 들으면서 의학을 공부하기 시작했다. 1845년 채링크로스병원의학교(Charing Cross Hospital Medical School)에서 학위과정을 마친 헉슬리는 1846년 왕립외과의대학(Royal College of Surgeons)

---

9) 헉슬리의 생애는 『과학 지식인의 탄생, 토머스 헉슬리』(폴 화이트 지음, 김기윤 옮김, 사이언스북스, 2006)와 『진화와 윤리』(토머스 헉슬리 지음, 김기윤 옮김, 지만지 고전선집, 2009)의 헉슬리 소개 부분을 재정리한 것이다.

의 시험을 통과하고, 곧이어 남양 지역을 탐사하는 영국 군함 래틀스네이크호(HMS Rattle-snake)에 보조 외과의 자격으로 승선하여 4년간 해상 근무를 하게 되었다.

래틀스네이크호에서 근무하는 동안 헉슬리는 호주를 비롯한 남양 지역 해양 동물의 형태학, 비교해부학, 고생물학적 연구 결과를 정리하여 런던으로 보냈고, 그중 일부는 학계에 발표되기도 했다. 귀국 후 헉슬리는 의사보다는 과학인이 되기로 결심하지만, 당시 과학은 찰스 다윈 같은 재력 있는 인사나 시골 지역의 목사 같은 사람들이 추구하는 일종의 여가활동 성격이 강하여 적합한 일자리를 구하기가 쉽지 않았다. 헉슬리는 해양생물학과 비교해부학 분야의 공부를 계속하면서 독일에서 출판되는 생물학 책들을 번역하거나 과학 서평 등을 쓰면서 생계를 이어나갔다. 특히 자유주의적 성향을 지닌 『웨스트민스터 리뷰』지에 과학 분야 칼럼을 쓰기 시작하면서 날카로운 비판력과 폭넓은 분야의 종합적인 시각을 갖추어나가게 되었다. 헉슬리는 자신의 칼럼을 통해 과학이 영국 사회를 위해 중요한 역할을 수행할 수 있는 분야라는 점을 설득하였다.

1854년에 새로 설립된 국립광산학교의 교수로 임명되면서 헉슬리는 계간지 등에 과학 서평이나 칼럼을 쓰는 일과 아울러, 노동자들이나 일반인들을 위한 과학 분야의 대중 강연을 시작했다. 그의 강연은 예리한 비유와 종합 능력을 구사하며 쉽지 않은 과학적 내용을 효과적으로 전달하는 명강연으로 알려졌다. 1860년 옥스퍼드에서 개최된 영국과학진흥회의 모임에서 다윈의 『종의 기원』에 대한 논쟁이 예상되었을 때, 다윈과 그 동료들은 유려한 연설가로 알려진 진화론의 적 월버포스 주교에 맞설 수 있는 투사로 미리 헉슬리를 주목하고 있었을 정도였다. 이러한 과정에서 헉슬리는 다윈을 끝까지 변호하여 '다윈의 불도그'라는 명성을 얻었다. 그 후에도 헉슬리는 진화론을 옹호하기 위해 반진화론자인 아가일 공작(Duke of Argyll), 글래드스턴(Gladstone) 등과 논쟁을 벌이면서, 대적하기 힘든 예리한 논리를 갖추었을 뿐 아니라, 풍부한 위트와 신선한 수사법을 구사하는 논쟁가로서 그 면모를 과시했다. 1863년에는 노동자들을 위한 강연 세 편을 모은 『자연에서의 인간의 위치에 관한 증거』를 출판했는데, 다소 거칠기는 하지만 인상적인 삽화와 예증을 통해서 인간이 유인원의 근연종일 수밖에 없다는 점을 제기하였다.

1870년부터 1872년 사이에 영국이 전 국민에게 초등교육을 의무화하는 교육개혁을 시행하는 동안 헉슬리는 개혁 주체였던 런던 교육위원회의 핵심 위원으로 중요한 역할을 수행하였다. 개혁 과정에서 헉슬리는 과학계를 대표하는 인물로 알려졌지만, 각 분야에서 전반적인 개혁 내용의 핵심적인 결정을 할 때마다 중요한 역할을 하였다. 여러 급진적인 성향을 지닌 위원들이 공교육에서 종교교육을 배제해야 한다고 주장했지만 헉슬리는 특정 종교의 교리 교육은 배제되어야 하지만 종교교육 자체는 필수적인 교육 내용이 되어야 한다고 주장하면서, 종교인이나 그 반대자 모두의 동의를 이끌어낼 수 있었다. 그는 당시 영국에서 행해지고 있던 종교 제도를 모두 사제주의라고 부르며 조롱했지만, 사회 속에서 종교의 역할은 절대로 가벼이 보아서는 안 된다고 생각했다.

1870년대부터 헉슬리는 왕실 추밀원의 고문으로 수산업, 과학 및 기술 교육 등 여러 분야에 대한 자문위원으로 일하게 되었다. 그리고 『타임』지 같은 곳에 교육뿐만 아니라 정치나 법률 문제에 대한 글을 자주 쓰기 시작하였다. 특히 1880년대에 들어서면서부터는 도시 빈곤층이나 노동자의 임금 문제와 같은 영국 제국 내부의 정치적·사회적 갈등 그리고 외국과의 무역이나 식민지 문제에 대해 관심을 가지게 되었다. 1893년의 옥스퍼드 대학 로마니즈 강연은 헉슬리의 이러한 삶의 여정 속에서 마지막으로 진행된 강연이었다. 로마니즈 강연 원고인 「진화와 윤리」가 그의 총서 마지막 권을 장식하며 출판된 다음 해인 1895년 6월 29일 헉슬리는 세상을 떠났다.

3.

　　위에서 살펴보았듯이 「진화와 윤리」는 헉슬리가 죽음을 두 해 앞두고 옥스퍼드 대학의 로마니즈 강연에서 연설한 원고 내용이다. 로마니즈 강연은 찰스 다윈이 가장 총애한 진화이론가였던 로마니즈(George Romanes, 1848~1894)가 1892년 옥스퍼드 대학에 설립한 연례 강좌로, 첫 강좌는 윌리엄 글래드스턴이 중세 대학에 관하여 강연하였고, 헉슬리는 다음 해인 1893년 두 번째 강사로 「진화와 윤리」를 강연하였다. 헉슬리는 19세기를 대표하는 자유주의 과학인으로서 일생 동안 사회 발전을 위해 과학지식, 과학적 사유방법 그리고 기술교육이 중요하다는 점을 실천했는데, 이 강연에서는 그와 상반되어 보이는 주장을 전개하여 많은 논란을 일으켰다. 헉슬리는 로마니즈 강연에서 "인간의 윤리가 우주의 본성이지만 문명사회를 건설하기 위해서는 우주의 본성에 저항해야 한다"는 역설을 제기했던 것이다. 당시 평자들은 신문과 정기간행물을 통해 그의 주장에 서로 모순되는 측면이 존재하는 점을 지적하였다. 강연 후 헉슬리는 자신의 글을 모아 전집 출판을 기획하는데, 로마니즈 강연 원고는 *Evolution and Ethics And Other Essays*(Macmillan And Co, 1894)라는 책에 수록하고 독자들의 논란에 답하기 위해 '프롤레고메나(Prolegomena)'를 달아 기초적이고 개괄적인 몇 가지 문제를 설명하였다. 그 책의 머리말에서 헉슬리는 자신의 복잡한 심정을 다음과 같이 토로하였다.

> 인생이라는 드라마의 주제는 자신의 기질과 환경에 맞게 자기주장과 자기억제 사이의 균형을 필연적으로 발견하는 것인데, 이는 세상 모든 사람들에게 주어진 일이다. 그리고 이 드라마의 영원한 비극성은 다음과 같은 점에 있다. 즉 우리 앞에 놓인 이 문제는 완전하게 본질을 이해할 수 없으며, 또 인류가 장기간의 경험을 통해 충분한 이유를 가지고 우리가 저지른, 돌이킬 수 없는 큰 실수에 대해 엄격한 비평을 가할 때까지, 비교적 올바른 해법마저도 거의 찾을 수 없는 성질의 문제라는 것이다.[10]

19세기를 빛낸 명문장으로 알려진 「진화와 윤리」는 이러한

---

10) 헉슬리, 본서, 51-52쪽

과정을 통해 탄생되었다. 그렇다면 헉슬리는 「진화와 윤리」를 통해 무엇을 말하려고 했는지 그의 강연 속으로 들어가 보자. 헉슬리는 강연 서두에 청중이 익히 알고 있는 「잭과 콩나무」 이야기를 들어 자신의 논지를 전개하기 시작한다. 「잭과 콩나무」는 주인공 잭이 강낭콩 줄기를 따라 하늘로 올라가 모험을 즐기는 영국의 구전 동화인데, 강연 전체적으로 볼 때 헉슬리는 이 이야기의 해석을 통해 진화와 윤리의 관계에 대한 자신의 생각을 암시하고 있다. 먼저 헉슬리는 거대한 콩나무를 타고 하늘로 올라간 소년은 지상의 풍경과 다른 새로운 세상을 목도하는데, 하늘을 뒤덮은 콩나무 역시 지상과 다른 새로운 생명으로 구성된 것이 아니라 적합한 재배 조건 속에서 놀라운 활력으로 성장한 동일한 콩이며, 또 거대한 콩나무가 성장의 정점에 이르러 시들기 시작하면 결국 활성이 없어 보이는 단순한 물체만 남게 되는데 이것이 바로 자신이 태어난 콩과 같은 것이라는 점을 지적한다. 이러한 해석을 기반으로 헉슬리는 인간을 포함한 모든 생물은 생존경쟁을 통해 생명이 성장하고 사멸하는 순환 과정을 되풀이함으로써 우주 속에는 끊임없이 반복되는 변화 과정만이 지속된다고 주장한다. 이 점만을 놓고 본다면 인간을 다른 생물과 마찬가지로 자연 속에 있는 하나의 존재로 위치시키며 자연의 진화법칙을 적용받는 대상으로 간주하는 기존의 헉슬리 주장과 다를 게 없다.

그런데 문제는 소년이 거대한 콩나무를 타고 올라가 바라본 하늘의 세계에 대한 해석에서 헉슬리의 윤리적 시선이 중첩되어 나타난다는 점이다. 거대한 콩나무가 만든 하늘의 세계 역시 수명을 다하면 기울어지기 시작하여 지상에서 이루어지는 생존경쟁을 다시 거쳐야 하는 우주의 순환 속에 존재한다는 점에서는 진화론적이지만, 하늘의 모험 세계가 우주적 생존경쟁이 치열하게 진행되는 지상의 세계보다 더욱 평화로운 상태라고 인식한다는 점에서는 윤리적이라고 할 수 있다. 다시 말하면 잭과 콩나무 이야기를 통해 헉슬리는 거대한 콩나무가 만든 하늘의 세계를 우주적 순환과정 속에 위치시키면서도 지상세계로 전락되지 않고 평화로운 상태를 지속시킬 수 있는 방법에 대해 암시한다.

헉슬리는 잭과 콩나무 이야기를 인간사회에 적용하여, 콩이 자연계의 생존경쟁을 통해 거대한 콩나무로 성장하는 과정은 인간이 자기주장, 동물적 본성 등의 탁월한 능력을 발휘하여 자연계에서 이루어지는 생존경쟁에서 승리하는 과정을, 거대한 콩나무가 만든 하늘의 세계는 인간이 건설한 고도의 문명사회로 비유하고 있다. 헉슬리는 인간사회의 현 상태를 하늘의 세계와 같은 문명사회로 이해하고 있는데, 그의 고심은 하늘의 세계에 우주적 생존경쟁이 시작되어 지상의 세계로 기울어지기 시작하는 것처럼 인간사회에 다시 야만적인 생존경쟁이 벌어져 문명의 몰락 위기가 발생할 수 있다는 점에서 비롯된다. 즉 인간사회 내부에 자연 상태에서 생존경쟁을 벌이던 시절의 우주적 본성이 잔존하여 그것이 현재의 문명사회를 위기에 처하게 만드는 기제로 작용할 수 있다는 것이다. 헉슬리는 위기적 상황을 방지하고 문명사회를 지속시키기 위해서는 자연 상태에서 이루어지는 생존경쟁 방식과 차원을 달리하는 인간사회의 윤리적 과정이 필요하다고 주장한다.

사회 속의 인간들 역시 우주 과정의 지배를 받습니다. 다른 동물들처럼 끊임없이 번식을 진행하고 생존자원을 차지하기 위해 격렬한 경쟁을 벌입니다. 생존경쟁은 생존 환경에 잘 적응하지 못하는 자들을 도태시킵니다. 자기주장이 가장 센 최강자는 최약자를 짓밟아버립니다. 그러나 사회 진화에 끼치는 우주 과정의 영향력이 클수록 그 문명은 더욱 원시적 상태에 머물게 됩니다. 사회 진보는 매 단계마다 존재하는 우주 과정을 억제하여 이른바 윤리 과정으로 대체하는 것을 의미합니다. 윤리 과정의 목표는 주어진 환경에 가장 잘 적응하는 사람들이 아니라 윤리적으로 가장 훌륭한 사람들의 생존입니

다.[11]

 이 부분이 바로 헉슬리가 로마니즈 강연에서 말하고자 한 가장 핵심적인 내용이다. 여기서 헉슬리는 우주 과정을 억제하여 윤리 과정으로 대체하는 것이 사회 진보를 이루는 길이라고 주장하는데, 이에 대해 당시 비평가들은 기존의 헉슬리 주장과 상치될 뿐 아니라 강연 곳곳에서 언급한, 인간의 윤리는 진화의 산물이며 인간사회 역시 우주적 순환 속에서 벗어날 수 없다는 등의 언급과 상호 모순적이라고 지적하게 된다. 헉슬리 역시 이러한 논란을 의식하며, "내가 지금 최선을 다할 수 있는 일은, 많은 사람들의 이해를 가로막고 있는 듯한, 즉 우주 본성의 산물인 윤리 본성이 반드시 우주 본성과 대립해야 하는 표면적 '역설'을 해소하는 것이다. 가장 쉬운 말로 '프롤레고메나'에서 설명한 나의 논점 가운데 미처 인식하지 못한 오류만 없다면, 이 표면적 역설은 평범하면서도 위대하여 윤리 철학자들에게 가장 기본적으로 인정되는 진리가 될 것이다."[12]라고 강한 신념을 표출하고 있다.

---

11) 헉슬리, 본서, 99쪽
12) 헉슬리, 본서, 51쪽

4.

여기서 논란의 초점을 이해하기 위해 헉슬리가 제기한 우주 과정과 윤리 과정의 관계에 대해 생각해볼 필요가 있다. 당시 비평가들은 헉슬리가 말한 '역설'의 의미보다는 우주 과정과 윤리 과정을 대립시키고 있다는 점에 주목하여 의문을 제기한 것으로 보인다. 필자는 이러한 의문이 헉슬리가 사용한 우주 개념에 두 가지 의미가 내포되어 있다는 것을 이해하지 못한 데서 비롯된 일이라고 생각한다. 다시 말하면 헉슬리의 우주 개념은 맥락에 따라 만물을 생성하는 보편 원리로서의 우주와 자연 상태에서 생존경쟁을 추동하는 원리로서의 우주라는 두 가지 의미를 지니고 있다는 것이다. 가령 헉슬리가, 인간의 윤리가 우주 본성이라거나, 거대한 콩나무나 하늘의 세계 그리고 인간의 문명사회 역시 생성과 소멸이 반복되는 우주적 순환 과정 속에 위치한다고 할 때의 우주는 전자의 우주를 의미한다. 그러나 자기주장이나 동물적 본성처럼 자연 상태의 생존경쟁에서 인간을 승리하게 만든 우주 본성을 지칭할 때의 우주는 후자의 우주를 뜻한다.

헉슬리가 우주를 이러한 두 가지 맥락에서 사용하고 있다는 점을 이해한다면, 헉슬리가 우주 과정과 윤리 과정을 대립시키고 있다는 논란을 해소할 가능성을 찾을 수 있을 것이다. 헉슬리는 인간의 삶의 조건을 자연 상태와 문명 상태 두 가지 조건으로 나누어 자연 상태를 극복한 인간사회의 현 상태를 문명사회라고 인식하며, 이러한 문명 상태를 지속시키기 위해서는 자연 상태에서 이루어지는 생존경쟁의 원리와 다른 차원의 동력 즉 윤리 과정이 필요하다고 주장한다. 따라서 헉슬리가 우주 과정과 윤리 과정을 대립시킬 때의 우주 과정은 보편 원리로서의 우주 자체가 아니라 자기주장이나 동물적 본성과 같이 자연 상태에서 벌어지는 생존경쟁을 추동하는 원리를 의미한다. 왜냐하면 문명 상태에서의 윤리 과정은 자연 상태에서 벌어지는 생존경쟁 원리와 차원을 달리하기는 하지만, 이 역시 넓은 의미에서 볼 때 문명 상태를 생성하고 지속시키기 위한 우주 원리이기 때문이다. 바로 이러한 맥락에서 헉슬리는 윤리를 우주적 본성 혹은 진화의 산물이라고 이해한 것이다. 다만 헉슬리는 문명 상태에서도 여전히 잔존해 있는 자연 상태의 생존경쟁 원리가 문명 상태의 진보를 위한 긍정적 작용을 하는 것이 아니라 오히려 문명 상태를 파괴할 위험성이 있다고 경고하며, 윤리 과정을 통해 이것을 억제해야만 문명 상태가 진보할 수 있다고 주장한 것이다. 따라서 헉슬리가 보편 원리로서의 우주 혹은 진화를 부정하거나 윤리와 대립시키고 있다는 비평은 타당하지 않으며, 헉슬리의 두 가지 우주 개념을 이해하지 못한 데서 비롯된 논란이라고 해야 할 것이다.

이러한 맥락에서 볼 때 로마니즈 강연에서 해석되어야 할 부분은 우주(진화)와 윤리의 대립관계가 아니라 헉슬리가 윤리 개념의 제기를 통해 영국사회에 어떠한 현실적 메시지를 전달하려고 한 것인지가 되어야 한다. 로마니즈 강연에는 종교나 정치 문제에 대한 언급을 제한하는 규정이 있었지만, 헉슬리는 "윤리과학은 모든 방면에서 종교와 정치에 관계되어 있어서 강사가 이 문제를 건드리지 않고 강연을 하려면 계란 위에서 춤을 추는 무용수와 같은 민첩함이 필요했다"고 토로한 것처럼, 규정을 위반하지 않는 방식으로 자신의 주장을 표출하려 하였다. 사실 헉슬리의 강연에 대해 의문을 제기한 비평가들의 말처럼 「진화와 윤리」에는 헉슬리의 기존 주장에서 벗어나 보이는 '변화'를 확연히 감지할 수 있다. 그러나 이 변화가 윤리 개념을 제기한 점 자체에 국한되는 것은 아니다. 로마니즈 강연에서 윤리 개념이 명확히 부각된 것은 사실이지만 기존의 주장에서도 윤리적 가치의 중요성은 항상 강조하였기 때문이다. 가령 헉슬리는 과학자(scientist)라는 말은 '오로지 효용성에 대한 관심에 의해 지배되는 미국과 같은 나라에서나 그 값을 인정받는 일종의 기술자(technical practitioner)'라고 거부감을 표하며, 그 대신 다른 지식인이나 성직자들과 같이 지적인 사람 또는 상업적인 편협함을 넘어 교양을 지닌 사람을 의미하는 과학인(man of science)이란 말을 통해 자신의 정체성을 표현한 것처럼, 과학을 실용적인 수단을 넘어 인간의 삶과 사회를 의미 있게 만들어나가는 문화로 이해하고 있었다.[13] 헉슬리가 줄곧 영국사회의 굳어진 관습과 제도를 비판하며 사회, 정치, 교육, 법률 그리고 종교 등 모든 분야의 논의가 과학적인 방법과 실증을 통해 사고되어야 한다고 주장한 것도 바로 과학을 특정 분야의 지식을 넘어 새로운 사유를 추동하는 보편적이고 진보적인 원리로 인식했기 때문이다. 헉슬리에게 있어서 과학은 세계를 인식하는 진실한 방법이면서 삶을 새롭게 만드는 문화이고 나아가 인간의 행위를 가치 있게 만드는 윤리였다고 할 수 있다. 헉슬리는 이러한 과학적 사유가 체현된 사람들이 주체가 되어 낡은 종교의식과 관습이 지배하는 영국사회를 비판하며 합리적인 새로운 사회로 개혁해 나가려고 한 것이다.

---

13) 폴 화이트, 앞의 책, 11-12쪽

5.

　이러한 헉슬리의 과학 개념으로 볼 때 로마니즈 강연 이전에도 헉슬리는 인간사회에서 윤리의 중요성을 잘 인지하고 있었다고 해야 할 것이다. 다만 당시 헉슬리는 과학을 윤리의 역할까지 포괄적으로 수행할 수 있는 개념으로 이해함으로써 과학과 구분되는 윤리의 개념을 별도로 강조할 필요가 없었던 셈이다. 이것은 인간의 과학적 이성을 신뢰하던[14] 자유주의 지식인의 낭만적 이상이 아니었을까? 아이러니하게도 과학이 영국사회에 정립된 19세기 후반 헉슬리의 이러한 이상은 균열되기 시작한다. 도대체 19세기 후반 영국사회에 어떠한 일이 발생했기에 헉슬리는 그동안 견지하던 자신의 신념에서

---

14) 과학에 대한 이러한 신뢰는 헉슬리뿐만 아니라 19세기 진보적 지식인들의 공통된 현상이라고 할 수 있다. 당시 종교적 신앙이 상실된 상태에서 과학을 통해 사물의 진리에 대한 인식과 아울러 존재가치를 발견할 수 있다는 새로운 신념이 자리하기 시작했다. 이러한 시대적 분위기는 마르크스에게도 영향을 끼쳐 공상적 사회주의와 구별하기 위하여 과학적 사회주의라는 명칭을 사용하게 하는데, 이 과학적이라는 수사 속에는 자신의 사회주의에 역사적, 현실적 근거와 아울러 윤리적 당위성을 지니고 있다는 뜻을 포함하고 있다. 참고로 이점에 대해 한형식은 "이 당시의 맑스주의자들이 생각한 역사는 계몽주의 이래로 서구인들이 공유하던 역사관의 반복일 뿐이었습니다. 이 역사관에서는 미리 결정된 혹은 기계적 필연성에 의해 귀결될 예측 가능한 목표가 있습니다. 인류는 이 목표를 향해 단일한 경로를 따라 앞으로 나아갑니다. 역사의 목적 혹은 귀결에 가까워지는 과정을 이들은 진보 혹은 진화라고 부릅니다. 그리고 이 과정에 가치평가를 덧붙입니다."(『맑스주의 역사 강의』, 그린비, 2010, 136쪽)라고 비평하고 있다.

벗어나 새로운 사회 개혁 방법을 모색하려 한 것인가? 이 점을
이해하는 것이 바로 헉슬리의 '변화'를 엿볼 수 있는 통로가
될 것이다.

　　윤리적으로 가장 훌륭한 덕목―이른바 선이나 미덕―의
실천은 우주적 생존경쟁의 성공을 이끄는 요인과 모든 측면
에서 대항하는 행위 과정을 포괄합니다. 그 실천은 무자비한
자기주장을 대신하여 자기억제를 요구하고, 모든 경쟁자를
밀어내거나 짓밟는 대신에 개개인이 자신의 동료를 존중하
고 도와줄 것을 요청합니다. 또 그 영향으로 최적자만이 생존
하는 것이 아니라 가능한 많은 사람들이 생존에 적응하는 일
을 목적으로 하고 있습니다. 윤리적 실천은 검투사적인 생존
이론을 부정합니다. 사회적 이익을 향유하는 자는 누구나 그
것을 수고스럽게 창조한 사람들에게 감사의 마음을 간직할
것과, 자신의 행동이 자신의 생존을 허용한 정치체제를 약화
시키지 않도록 주의할 것을 요구합니다. 법과 도덕 교훈은 우
주 과정을 억제하고, 공동체에 대한 개개인의 책임을 환기시
키는 일을 목표하고 있습니다. 각 개인의 생존 자체가 공동체
에 달려 있지 않다 하더라도, 공동체의 보호와 영향 덕분에
적어도 야만인보다 양호한 생활을 향유할 수 있는 것입니

다.[15]

위의 구절에서 헉슬리는 당시 영국사회가 무자비한 자기주
장으로 인해 공동체가 와해될 위기에 처해 있다고 비판한다.
본래 자기주장은 즐거움을 향유하고 생활의 고통을 피하려는
인간의 천부적 욕망으로, 인류가 주위 생물들과 벌이는 생존
경쟁에서 승리하여 문명사회를 이루게 한 동력으로 인식된 개
념이다. 헉슬리 역시 영국사회에 충만한 자유주의 사상의 기
반 위에서, 인간을 우주적 진화 과정에서 승리하게 만든 자기
주장의 긍정적 역할을 신뢰하며 과학적 사유방법을 사회 전반
에 확산시킬 경우 영국이 문명사회로 더욱 진보해나갈 것이라
는 낙관적 기대를 지니고 있었다. 이러한 기대는 중세의 신으
로부터 해방되어 인간의 세계를 상상하고, 봉건적 농노에서
해방되어 개인의 자기이익으로 움직이는 시장경제를 꿈꾸며,
인간의 자유 이상을 정립하기 시작한 18세기 유럽문명의 산물
이라고 할 수 있다. 이러한 기대감 속에서 인간의 본성에 기반
한 합리적 세계를 꿈꾸던 계몽주의 사상이 출현하였고, 개인
의 이윤 추구에 기반한 이상적 자본주의 사회를 상상하던 애

---

15) 헉슬리, 본서, 99-100쪽

덤 스미스의 『국부론』이 탄생했던 것이다. 그리고 영국의 실제 현실에서도 산업혁명과 식민지를 바탕으로 경제가 급속도로 발전하고 부르주아 계층의 성장을 기반으로 공화정치의 근간을 마련해가는 등 문명사회로 진보해가는 현상들이 나타나고 있었다.

그러나 19세기는 더 이상 18세기 사상가들이 꿈꾸던 자유의 시대가 아니었다. 유럽 국가들은 프랑스 혁명 이후 시민이 중심이 되는 공화 국가를 건설했으나 국가 간 전쟁이 끊이지 않았고, 해방된 노동자들의 삶은 이전 시대 농노들보다 평균 수명이 줄어들 만큼 힘겨웠을 뿐 아니라 신분도 프롤레타리아라는 도시 극빈층으로 전락했으며, 소년 소녀들은 성인의 1/3도 되지 않는 급여를 받고 착취를 당하는 등 18세기의 낙관적 기대감 속에 감춰진 어두운 그림자가 현실로 드러나기 시작했다. 이러한 흐름 속에서 비록 해결의 방법은 달랐지만 맬서스와 리카도가 연달아 등장하여 세상이 이래서는 안 된다는 외침이 나오기 시작했으며, 고전학파 최고의 천재라 불리는 존 스튜어트 밀은 특히 소녀들의 가혹한 노동에 대해 적극적으로 고발하였고, 이어서 생시몽과 프루동, 마르크스가 등장하여 자본주의를 대체하는 사회주의 사회를 주장하는 등 19세기 후반에 이르면 비판적 지식인이라고 할 수 있는 사람들은 모두

이 시대에 대해 불만을 토로하며 새로운 전환에 대해 언급하기 시작했던 것이다.[16)]

위의 구절에 나타난 헉슬리의 불만 역시 이러한 19세기 후반의 사상적 흐름 속에서 이해해야 할 것이다. 헉슬리는 자기 주장이 인간의 자유 실현의 동력으로 진화하지 않고, 오히려 개개인의 자기 이익 추구만을 위해 약자의 생존을 침탈하고 공동체의 질서를 훼손시키는 현실에 대해 개탄하고 있는데, 이는 인간의 진화 과정에 대한 자신의 신념과 배치되는 일이었다. 이러한 현실 앞에서 헉슬리는 "우주 진화는 인간의 선악의 경향성이 어떻게 생겨난 것인지를 가르쳐줄 수 있습니다. 그러나 우주의 진화 자체가 우리에게 이전보다 더 선해져야 하는 이유를 제시하여 선이 악보다 바람직한 것이라는 점을 설명해주지는 않습니다."[17)]라고 하며 진화(과학) 자체에 윤리적 정당성을 부여하던 입장에서 물러나 자연 상태와 구별되는 인간사회의 진보 방법으로서 윤리 과정에 대해 주목하기 시작했다.

사실 19세기 후반 이전에도 이미 사회적 빈부격차 문제가

---

16) 우석훈 『괴물의 탄생』, 개마고원, 2008, 78-79쪽 참고
17) 헉슬리, 본서, 97쪽

대두되고 있었다. 1795년 영국 농촌에서 빈민을 구제하기 위한 스피넘랜드법을 제정한 이후 구호 대상 극빈자 수는 한없이 늘어만 가고 노동 생산성도 한없이 추락했는데, 가장 끔직한 것은 그 와중에 인간이 인간의 형상을 잃고 '구별조차 할수 없는 짐승 떼'로 전락해버렸다는 점이다. 이 '지상에 올라와 아가리를 벌린 생지옥'을 보면서 자유주의자들은, 인간 세상에는 어쩔 수 없는 자연 법칙이 존재하므로 그것에 순응하는 것만이 이 참극에서 인간이 구원받을 수 있다는 생각을 하게 되었다.[18] 이것이 농촌이 해체되어가는 과정에서 벌어진 현상이라면, 19세기 후반 헉슬리가 목도한 풍경은 도시의 산업화를 통해 거대한 프롤레타리아 계층이 형성되어가는 과정이다. 그때 헉슬리는 스피넘랜드법 시기의 자연 상태 속 인간이 아니라 바로 사회와 그 속에서 살아가는 인간의 존재를 발견한 것이다.

헉슬리가 발견한 사회는 사회주의를 포함하여 19세기 비판적 사상들이 새롭게 추구했던 사회와 동일한 맥락에 있다고할 수 있다. 그들이 자연 상태에서 사회를 분리해낸 것은, 사회

---

18) 이 점에 대해서는 칼 폴라니, 『거대한 전환』, 도서출판 길, 2009, 제7장 '1795년, 스피넘랜드' 참고

가 자연계와 같은 자본주의적 생존경쟁이 지배하는 정글이 아니라 인간이 이룩한 공동체의 보호 아래서 삶을 자유롭게 향유할 수 있는 공간이 되어야 했기 때문이다. 당시 유럽은 칼 폴라니가 『거대한 전환』에서 말한, 유토피아적 시장경제의 폭력에 의해 생존 기반을 파괴당한 계층이 자발적으로 자신의 삶의 기반인 사회를 보호하려는 운동을 일으킨 전환의 시기에 놓여 있었다. 물론 그렇다고 헉슬리가 사회주의적 지향을 목표하고 있었던 것으로 보이지는 않는다. 헉슬리가 노동자를 대상으로 기술교육과 대중강연을 시행한 것은 사실이지만 구세군운동과 같이 기존의 정치체제를 약화시키는 사회주의적 노동운동에 대해 부정적 입장을 표출했기 때문이다.[19] 그보다는 국가(정부)의 역할[20]과 공감(개명적 이기주의)[21]에 호소하는 애덤 스미스식 개혁에 가깝다고 할 수 있다. 다시 말하면 애

---

19) 이에 대해서는 폴 화이트, 앞의 책, 제5장 어두운 영국-1880년대 및 1890년대 영국에서의 과학과 노동 참고

20) 헉슬리는 「프롤레고메나」 13장에서 "나는 신체, 지능, 도덕상에서 우리 민족의 고유한 특성이 근본적으로 지난 4~5세기 동안 그대로 유지되어왔다고 믿는다. 만일 생존경쟁이 우리에게 극심한 영향을 끼쳤다면(나는 이 점도 의심스럽지만), 그것은 다른 국가와의 군사 및 산업 전쟁을 통해 간접적으로 작용했을 것이다."라는 언급을 통해, 19세기 말 영국의 상황이 영국 내부를 넘어 국가와 민족을 하나의 단위로 생존경쟁을 벌이는 제국주의 시대로 진입했다는 사실을 인식하며, 이러한 시대에서 영국의 문명 진화를 지속해나가기 위해서는 자유방임적 방식보다는 국가(정부)의 역할을 중심으로 한 공동체적 방식이 필요하다는 점을 암시하고 있다.

덤 스미스가 시장경제를 원활히 작동하기 위해 이해관계자의
입장을 조정하는 정부의 역할을 중시하고 공동체 구성원이 서
로의 입장을 이해하고 배려하는 공감을 강조하는 시각과 상통
하는 개혁의 길을 추구한 것이다.[22] 이는 말년의 헉슬리가 사
회 진화론에서 탈피하고자 했다는 통상적인 평가와 달리, 오

---

21) 엄복은 「도언 13. 사욕의 억제(制私)」 '엄복의 해설'에서 다음과 같이 말하고 있
다. "사회의 보존에 관한 헉슬리의 논의는 일리가 있다. 그렇지만 인간의 공감 능력이
갖추어진 후에 사회가 이루어진다는 말은, 원인과 결과를 바꾸어놓은 잘못된 주장이
라는 점을 반드시 알아야 한다. 대체로 인간이 흩어져 살다가 사회생활을 하는 것은
본래 편안함과 이익을 위한 것이었다. 처음에는 금수와 같은 하등생물과 다르지 않았
으며, 공감 능력으로 인해 성립된 것이 아니다. 사회를 이루는 이유가 편안함과 이로
움이기 때문에, 진화의 과정에서 사회를 이루는 능력이 있으면 살아남고 그렇지 못하
면 멸망하며, 사회를 잘 조직하면 살아남고 그렇지 못하면 멸망하게 되었다. 사회를
잘 조직한다는 것은 무엇인가? 서로 공감을 잘하는 것이다. 그렇다면 서로 공감을 잘
하는 덕목은 자연선택 이후의 일이며, 처음부터 이 덕목을 가진 것은 아니다. 어떻게
처음부터 공감을 잘할 수 있었겠는가? 생존경쟁이 치열할 때는 공감이 사라져 찾아볼
수 없었다. 헉슬리는 말단에 집착하여 그것을 근본적인 요인으로 생각하고 있는데,
이 때문에 사회구성 원리에 대한 그의 설명은 스펜서의 이론만큼 엄밀하지 못하다.
또한 공감을 인간 사회의 근본으로 간주하는 학설은 경제학자 애덤 스미스로부터 발
단된 것이며, 헉슬리가 독창적으로 만든 새로운 주장도 아니다." 하지만 엄복의 이러
한 관점은 헉슬리가 우주의 과정과 윤리의 과정을 대립시키고 있다는 시각이 전제되
어 있으며, 앞서 필자가 설명한 우주에 대한 헉슬리의 이중적 개념을 이해하지 못한
결과로 보인다. 이 때문에 엄복은 헉슬리가 애덤 스미스의 공감 개념을 우주에서 이
루어지는 생존경쟁 개념을 부정하기 위해서가 아니라 문명사회에서 인간의 진화를
위한 주요 덕목으로 수용하고 있다는 점을 파악하지 못하는 것이다. 이러한 시각은
스펜서의 입장에서 엄복의 『천연론』을 해석하고 있는 벤저민 슈워츠의 『부와 권력을
찾아서』(최효선 옮김, 한길사, 2006)도 마찬가지인 것으로 보인다. 이에 대해서는 『부
와 권력을 찾아서』 가운데 4장 「서양지혜의 원천을 찾아서」 참고

히려 "사회 진화라는 이름으로 통용되는 문명의 점진적 변화는 사실 자연 상태에서 종의 진화를 일으키는 과정이나 인공 상태에서 변종의 진화를 일으키는 과정과 본질적으로 다른 성격의 과정이다."[23]라고 인식했기 때문이다. 헉슬리는 이러한 입장에서 스펜서식의 사회진화론을 공동체의 위기 조절 기제로서 정부의 역할을 부정하고 지속적으로 자유방임적인 생존경쟁을 주장하는 광신적 개인주의라고 비판했던 것이다.[24]

---

22) 이러한 애덤 스미스의 시각에 대해서는 조반니 아리기의 『베이징의 애덤 스미스』(강진아 옮김, 길, 2009) 제1부 제2장 '애덤 스미스의 역사사회학' 참고

23) 헉슬리, 본서, 176쪽

24) 이러한 비판을 말년의 헉슬리가 그동안 자신이 주장하던 사회진화론에서 탈피하여 윤리학으로 전환하는 근거라고 평가하기는 힘들어 보인다. 왜냐하면 헉슬리는 말년에도 여전히 영국사회의 문명 진화에 대한 자유주의적 신념을 잃지 않고 있기 때문이다. 다만 헉슬리가 스펜서식의 자유방임적 사회진화론을 비판한 것은, 19세기 말의 변화된 국내외적 환경 즉 영국사회 내부의 빈부격차가 극심해져 냉혹한 생존경쟁이 영국사회를 혼란으로 몰고 가는 현실 및 국제적 환경이 국가와 민족이 하나의 단위가 되어 경쟁하는 제국주의 시대로 변해가는 현실에 대한 위기감에서 비롯된 것이라고 생각된다. 다시 말하면 이러한 상황 속에서는 영국 내부의 냉혹한 생존경쟁을 자유방임적 방식으로 추구하기보다는 사회공동체적 입장에서 생존경쟁을 조절하여 영국이 지속적으로 문명 진화할 수 있는 방안을 모색하는 것이 더 바람직하다는 것이다. 이러한 맥락에서 보면 일국 내부에서 이루어지는 생존경쟁을 억제하여 공동체가 안전하고 평화로운 삶을 향유하는 일이 사회 진화의 길이자 국제경쟁에서 유리한 사회적 결속을 이루는 길이 되는 셈이다. 사실 헉슬리의 이런 시각은 엄복의 시각과 상통하는 것이다. 단지 엄복은 19세기 말의 영국 현실 속에서 헉슬리가 자연 상태에서(혹은 일국 내에서) 이루어지는 진화와 문명 상태에서(혹은 국가경쟁 시대에서) 이루어지는 진화가 상이한 방식으로 진행되어야 한다고 인식한 점을 이해하지 못하여

「진화와 윤리」는 유럽사회의 거대한 전환이 일어나던 19세기 후반, 자유방임적 진화를 내세운 자본의 폭력으로부터 인간사회를 보호하기 위한 윤리 선언이었다. 그것은 자신이 일생 헌신하던 과학과 진화의 세계가 적절한 통제와 반성 없이는 오히려 인간사회를 위기로 몰아갈 수 있다는 사실에 대한 슬픈 자기고백이었다. 그러나 헉슬리는 진보에 대한 열망과 가능성을 포기하지 않았다. 비록 그 순간이 인간사회의 우주과정에서 하강하기 시작하는 시점이라 하더라도, 인간의 윤리적 본성이 그에 저항할 수 있다는 데 대한 일말의 기대마저 놓아버리지는 않았기 때문이다.[25] 헉슬리는 그러한 과정을 윤리

『천연론』에서 그러한 '오해'를 한 것일 뿐이다. 따라서 헉슬리는 사회진화론 자체에서 탈피하려고 한 것이라기보다는 공동체 윤리 정립을 통해 영국 사회의 문명 진화를 지속시켜나가려 한 것이라고 해야 한다.

25)「진화와 윤리」에서 헉슬리는 상당한 편폭으로 스토아학파와 불교의 진화론적 시각을 설명하면서 두 가지 사상 모두 우주과정과 인간사회의 악을 회피하여 현실의 개혁에서 멀어지게 된다는 점을 비판한다. 하지만 헉슬리가 두 사상 내부에서 인간사회의 개혁을 위한 윤리적 기능을 수행했거나 수행할 수 있는 가능성을 발견하려 한다는 점을 놓쳐서는 안 된다. 즉 "모든 인간에게 서로 사랑하고, 악을 선으로 갚으며, 서로를 위대한 국가의 동료 시민으로 간주하도록 명령하는 능력"이 순수이성이며, "실제로 완전한 문명국가 혹은 사회로 진보하는 일이 이러한 명령에 대한 구성원들의 복종에 의지하고 있다는 점을 고려하여, 스토아학파는 때때로 순수이성을 '정치적' 본성이라고 부르기도 합니다."라는 언급을 통해 스토아학파에 내재한 윤리적 측면을 상기시키고 있으며, 또 "인간의 본성에 대한 정확한 통찰력을 바탕으로 고타마는 극단적인 고행이 무용할 뿐 아니라 실제로 해롭다고 주장합니다. 식욕과 정욕은 육체의

의 진화라고 믿었던 것이다.

금욕만을 통해서 없어질 수 없습니다. 그것들에 대항할 수 있는 심리적 습성인 박애·
보은·겸양·절제의 덕목을 착실히 배양함으로써, 그것들의 기반을 공격하여 정복해
야 합니다. 요컨대 우주 과정의 본질인 자기주장을 완전히 극복해야 한다는 것입니다.
불교가 놀라운 성공을 거둔 요인은 틀림없이 그 윤리적 특질 때문일 것입니다." 라는
언급을 통해 불교의 윤리적 측면을 환기시키고 있다. 이러한 시각 속에서 인간사회의
위기와 그 변화 가능성을 찾아나가려는 헉슬리의 의지를 엿볼 수 있을 것이다.

머리말

Evolution and Ethics

이 책의 전반부에 재수록된 「진화와 윤리」는 로마니즈 선생이 옥스퍼드 대학에서 설립한 연례 강좌의 두 번째 연도에 강연한 내용이다. 로마니즈란 이름을 쓰고 나니 한창 때에 갑작스런 죽음을 맞이한 그를 애도하지 않을 수 없다. 그는 친절한 성품으로 나뿐만 아니라 많은 사람들의 사랑을 받았으며, 연구능력과 지식의 발전을 위한 열정으로 모든 동료들로부터 존중을 받았다. 로마니즈 선생의 초기 저술을 접했을 때의 흥분은 지금도 생생하다. 당시 왕립학회 비서 가운데 한 사람이었던 나는, 우리 가운데 높은 지위를 차지할 만한 충분한 자격을 지닌 신입회원이 과학자 모임에 참여하게 된 것을 매우 기뻐하였다.

내 친구의 간절한 요청 때문에 정식 초청이 있을 경우 강연을 수락하기로 했지만, 몇 가지 걱정스러운 면이 있었다는 점을 인정하지 않을 수 없다. 나는 수년 동안의 대중 강연으로 몸이 매우 피곤하고 목이 쉰 상태였다. 더군다나 내 강연 순서가 호소력 있고 감미로운 목소리에 지칠 줄 모르는 젊음이 잘 드러나는, 이 시대에 가장 실력 있고 탁월한 강사[1] 다음이라는 점을 알고 있었다. 사실 이렇게 비교하는 것 자체가 다소 억지스러운 일이지만 말이다.

목소리에 나타나는 내 신체의 허약함과 공허 속에 빠진 내 정신의 나약함을 무시한다 하더라도 여전히 곤혹스러운 세 번째 문제가 남아 있었다. 여러 가지 이유로 최근 수년 동안 나는 도덕 정치 문제에 대한 근대 과학사상의 태도에 관해 많은 관심을 지니고 있었기 때문에, 그 주제에서 벗어나고 싶지가 않았다. 나는 그 주제가 역사 깊은 명문 옥스퍼드 대학에서도 주목을 끌 수 있는, 가장 중요하고 가치 있는 요즘의 문제라고 생각하였다.

그러나 로마니즈 재단에는 강연자가 종교나 정치 문제를

---

1) 로마니즘 강연의 첫 번째 강사인 윌리엄 글래드스턴으로 중세 대학에 관하여 강연하였다. 헉슬리는 다음 해인 1893년 두 번째 강사로 「진화와 윤리」를 강연하였다.

언급하지 않아야 한다는 규정이 있었다. 다른 누구보다도 나는 글뿐만 아니라 정신상에서도 이 금지 사항을 잘 준수해야 한다고 생각했다. 하지만 윤리과학은 모든 방면에서 종교와 정치에 관계되어 있어서 강사가 이 문제를 건드리지 않고 강연을 하려면 계란 위에서 춤을 추는 무용수와 같은 민첩함이 필요했다. 심지어 논리가 분명해야 한다는 생각과 규정에 따라야 한다는 생각이 서로 충돌을 일으키는 것이 강연에 결코 유익하지 않다는 점도 발견하였다.

강연 준비를 시작할 때 나는 이것이 얼마나 힘든 문제인지 인식하지 못했다. 그러나 나에 대해 우호적이고 유익한 비평을 해주었던 글 가운데 대부분이 내가 규정에서 벗어났다고 질책하지 않은 점을 보고 나서 그동안의 고통과 걱정에 대한 위안이 되었다.

나를 비평해준 사람 가운데 깊이 감사해야 할 분들이 적지 않다. 그들은 대중 강연에 관한 격언 하나를 내가 잊어버렸기 때문에 강연 내용이 잘 전달되지 않고 심지어 위축이 되었을 수 있다는 점을 세심하게 지적해주었다. 이 격언은 강연의 대가인 패러데이(M. Faraday, 1791~1867) 선생이 내게 전수해준 것이다. 예전에 그는 상류 사회의 교양 있는 청중을 대상으로 강연을 하게 된 초보 강사의 질문을 받은 적이 있었는데, 바로 청중이 이미 어떤 지식을 알고 있을 것이라고 생각해야 하는지에 대한 질문이었다. 작고한 강연 기술의 대가는 단호하게 "그들은 아무것도 아는 게 없다"고 대답했다.

은퇴한 강연 베테랑으로서 나는 이 훌륭한 강연 지침을 통해 평생 도움을 받았지만, 부끄럽게도 가장 유용하게 쓰일 수 있는 바로 이때 그에 관한 모든 것을 잊어버리고 말았다. 매우 어리석게도 이미 정설이 되었다고 여긴 수많은 명제, 그리고 예전에 제기했으나 사실상 별다른 논란이 없었던 수많은 명제는 반복적으로 언급할 필요가 없다고 생각했던 것이다.

나는 내 실수를 최대한 바로잡기 위하여 강연 내용 앞에 서문을 썼다. 주로 기초적이고 개괄적인 몇 가지 문제를 다루었고, "프롤레고메나(Prolegomena)"[2]라는 제목을 달았다. 나는 이것이 현학적이지 않으면서도 내 목적을 충족시키는 제목이 되기를 바란다. 또 부가된 새 건물이 본래 건물에 비해 너무 커 보인다고 한다면, 항상 지성소(至聖所)를 사원 안의 가장 작은 부분으로 만드는 고대 건축가의 관례를 들어 변명할 수밖에

---

2) 프롤레고메나(Prolegomena)는 보통 어떤 사상체계의 근본 원리나 전제를 제시하는 서론 부분인데, 역자는 이 글이 로마니즈 강연에 대한 서론의 성격보다 그 보론에 해당한다고 판단하여, 로마니즈 강연을 먼저 번역하고 그 다음에 '프롤레고메나-「진화와 윤리」 보론'이라는 소제목으로 번역하였다.

없다.

내가 언급한 비평에 대해 모두 답변하려고 했다면 얼마만큼의 지면이 내 말로 장식되어야 할지 알 수가 없다. 내가 지금 최선을 다할 수 있는 일은 많은 사람들의 이해를 가로막고 있는 듯한, 즉 우주 본성의 산물인 윤리 본성이 반드시 우주 본성과 대립해야 하는 표면적 역설을 해소하는 것이다. 가장 쉬운 말로 "프롤레고메나"에서 설명한 나의 논점 가운데 미처 인식하지 못한 오류만 없다면, 이 표면적 역설은 평범하면서도 위대하여 윤리 철학자들에게 가장 기본적으로 인정되는 진리가 될 것이다.

우주 과정의 꼭두각시였던 선조들이 물려준 본성을 통하지 않고 우리가 그 어떠한 일도 할 수 없다고 한다면, 그 본성을 부정하는 사회는 틀림없이 외부에서 파괴될 것이다. 또 그 본성이 지나치게 강하여 더욱 어떠한 일도 할 수 없다면, 그 본성이 지배하는 사회는 틀림없이 내부에서 파괴될 것이다.

인생이란 드라마의 주제는 자신의 기질과 환경에 맞게 자기주장과 자기억제 사이의 균형을 필연적으로 발견하는 것인데, 이는 세상 모든 사람들에게 주어진 일이다. 그리고 이 드라마의 영원한 비극성은 다음과 같은 점에 있다. 즉 우리 앞에 놓인 이 문제는 완전하게 본질을 이해할 수 없으며, 또 인류가 장

기간의 경험을 통해 충분한 이유를 가지고 우리가 저지른, 돌이킬 수 없는 큰 실수에 대해 엄격한 비평을 가할 때까지, 비교적 올바른 해법마저도 거의 찾을 수 없는 성질의 문제라는 것이다.

1894년 7월
토마스 헉슬리

로마니즈 강연
-「진화와 윤리」

Evolution and Ethics

나는 항상 방어선을 넘어 적 진영 쪽으로 가는데,
이는 탈영을 한 것이 아니라 정탐을 하기 위해서다.
— 세네카, 『서신집』 제2호 4쪽

「잭과 콩나무」라는 제목의 재미있는 동화는 이 자리에 참석한 나의 동년배들이 매우 잘 알고 있는 이야기입니다. 그러나 근엄하고 고귀한 대다수의 젊은 세대들은 엄격한 지적 교양 속에서 성장하여, 아마도 비교신화학의 입문서를 통해 요정의 나라만을 알고 있을지 모르기 때문에, 이 이야기의 줄거리를 간략히 설명할 필요가 있을 것입니다. 이 이야기는 하늘 끝에 도달할 때까지 자란 후, 그곳에서 거대한 잎으로 하늘을 뒤덮은 콩나무에 관한 전설입니다. 콩나무 줄기를 타고 하늘에 오른 주인공은 무성한 잎이 하늘의 세계를 떠받치고 있는데, 그곳은 이상하고 새롭기는 하지만 땅의 세계와 똑같은 요소로 구성되어 있다는 점을 발견합니다. 그곳에서의 모험은, 내가 자세히 설명할 수는 없지만, 사물의 본성을 바라보는 그의 관점을 완벽하게 바꿔놓았습니다. 물론 이 이야기는 철학자들에 의해 만들어진 것도 아니고 철학자들을 위해 만들어진 것도 아니어서, 주인공의 관점에 대해 아무런 언급이 없지만 말입니다.

내가 최근에 했던 탐험은 이 용감한 모험가의 탐험과 어떠한 비슷한 점이 있습니다. 나는 여러분들에게 콩 한 알의 도움을 받아, 많은 사람들에게 이상하게 느껴질 수 있는 한 세계에 함께 접근해보자고 청하고 싶습니다. 여러분들이 알고 있듯이 콩은 단순하고 활성이 없어 보이는 사물입니다. 그러나 적합한 조건 즉 충분하게 따뜻한 온도가 가장 중요한 요소 가운데 하나인 그러한 조건하에서 재배된다면, 콩은 매우 놀라운 활력을 드러낼 것입니다. 땅의 표면에 돋아난 작고 푸른 싹은 신속하게 자랄 뿐만 아니라 동시에 일련의 변형을 겪게 됩니다. 하지만 전설 속에서 접한 일과 같은 놀라움을 던져주지 못하는데, 이는 단지 우리가 그러한 일들을 매일 그리고 하루 종일 볼 수 있기 때문입니다.

이 식물은 감각할 수 없는 느린 속도로 자라면서 뿌리, 줄기, 잎, 꽃, 열매의 크고 다양한 조직을 형성하며, 모든 부분은 극도로 복잡하면서 동시에 아주 세밀하고 명확한 방식에 따라 안에서 밖으로 만들어집니다. 이 복잡한 구조를 이루는 각 부분은 내재 에너지를 지니고 있는데, 이들은 다른 모든 구조 속에 존재하는 에너지와 조화를 이루어 끊임없이 활동하며, 식물 전체의 생명을 유지하고 아울러 조직에서 맡은 역할을 효율적으로 수행합니다. 그러나 매우 정교하게 건축된 이 구성물은 성장의 정점에 이르자마자 곧 무너지기 시작합니다. 점차 이 식물은 시들어가다가 눈앞에서 사라지고, 다소간 활성이 없어 보이면서 단순한 물체만이 남게 되는데, 이는 바로 자신이 태어난 콩과 같은 것입니다. 그리고 콩과 마찬가지로 이들은 비슷한 생명 표현의 순환을 추동할 수 있는 잠재력을 부여받게 됩니다.

앞으로 진전하다가 사실상 출발점으로 되돌아오는 이 과정의 비유를 찾는 데는 시적 상상이나 과학적 상상을 하느라 많은 수고를 할 필요가 없습니다. 그것은 하늘을 향해 던진 돌의 상승, 하강 과정 혹은 화살이 자신의 궤적을 따라 날아가는 과정과 비슷하다고 할 수 있습니다. 그렇지 않으면 생활 에너지는 처음에 상승하다가 나중에 하강한다고 말할 수 있습니다.

또 그렇지 않으면 배아가 성숙한 식물로 진전되는 과정을, 부채가 펼쳐지는 과정이나 조류가 앞으로 세차게 흐르다가 확장되는 과정에 비유하여, 이렇게 '발전' 혹은 '진화'의 개념에 도달한다고 설명하는 것이 적합해 보일 수 있습니다. 다른 경우와 마찬가지로 이러한 용어들도 사실을 정확하게 표현하지 못하는 '잡음과 연기'가 되기 쉽습니다. 중요한 점은 용어들이 자신이 표현하려는 사실에 대해 명확하고 적합한 개념을 지니는 것입니다. 이러한 상황에서 사실은 바로 끊임없이 반복되는 과정이라고 할 수 있습니다. 즉 살아서 성장하는 식물이 비교적 단순하고 잠재력이 잠복된 씨앗의 상태에서 고도로 분화된 형태로 완전히 발현하고, 그렇게 된 후 다시 단순하고 잠재된 상태로 돌아가는 과정을 말합니다.

이 과정의 본질에 대한 깊은 통찰을 통해 우리는 콩에 적용되는 원리가 일반적인 생명체에 모두 적용된다는 귀중한 사실을 알 수 있습니다. 동물계도 식물계와 마찬가지로 매우 저등한 유형에서 최고등 유형에 이르기까지 생명 과정에 순환 진화가 나타납니다.[1] 뿐만 아니라 우리가 그 외의 세계에 시선을 던지기만 하더라도 순환 진화가 모든 방면에서 출현하고 있다는 사실을 이해할 수 있을 것입니다. 가령, 바다로 흘러간 물은 수원(水源)으로 되돌아오고, 달은 보름이 되면 다시 기울어질 뿐 아니라 자리를 벗어났다가 다시 원래의 위치로 돌아오며, 인생은 무정하게 흘러가고, 문명사의 가장 유명한 주제인 왕조와 국가가 홍망성쇠를 반복하는 일에서 우리는 그러한 사실을 목격할 수 있습니다.

급류를 건너는 사람이 똑같은 물을 두 번 접할 수 없는 것처럼, 감각 세계에 있는 어떠한 사물의 현재 상태에 대해 확실하게 단언할 수 있는 사람은 아무도 없습니다.[2] 그가 어떠한 말을 할 때, 아니, 그 말에 대해 생각하는 바로 그 순간, 술어의 시제는 적합하지 않게 됩니다. 다시 말하면 현재가 이미 과거로 변화되어, '입니다(is)'는 '였습니다(was)'가 되어야 한다는 것입니다. 또 우리가 사물의 본성에 대해 더 많이 알수록, 이른바 정지된 상태는 지각되지 않는 활동일 뿐이며, 표면적인 평화의 상태는 소리없는 격렬한 전투라는 점이 더욱 분명해질 것입니다. 각 부분에서 매 순간 이뤄지는 우주 상태는 적대 세력들 사이의 일시적인 타협의 표현이자, 모든 분쟁자들이 번갈아 휩싸이게 될 투쟁 장면입니다. 각 부분에 적용되는 원리는 사물 전체에 적용될 수 있습니다. 우리의 자연 지식은 점점 다음과 같은 결론으로 나아가고 있습니다. 즉 "하늘의 모든 별과 땅위의 만물"[1])은 진화의 길을 따르는 우주 물질로 구성된 일시적 형태인데, 성운에 잠재한 에너지로부터 태양, 행성, 위성이 끊임없이 성장할 뿐 아니라, 사물의 무수한 변화, 생명과 사유의 무한한 다양성, 아마도 우리가 미처 생각하지 못했거나 생각조차 할 수 없는 각종 존재형식을 거쳐, 다시 그들이 생성된 불확실한 잠재상태로 회귀한다는 것입니다. 그래서 우주의 가장 분명한 속성은 불안정성이라고 할 수 있습니다. 이러한 결론은 영원한 실제보다는 변화 과정을 중시하는 관점을 취하고 있는데, 이 변화 과정 속에는 에너지의 흐름과 우주에 스며 있는 합리적 질서 이외에 지속되는 것이 아무것도 없습니다.

우리는 콩나무를 타고 올라 일상적이고 익숙한 것이 새롭고 낯선 사물로 변하는 기이한 나라에 도달했습니다. 이렇게 표현되는 우주 과정을 탐험하는 과정에서, 인간은 고등한 지능을 무궁무진하게 사용하고, 영웅들은 인류를 위해 봉사하며, 사색하는 철학자들은 영원히 변하지 않는 아름다움을 추구하는 데 애정을 바치게 됩니다.

그러나 우주 과정을 기계처럼 완벽하고 예술작품처럼 아름

---

1) 원문은 "all the choir of heaven and furniture of the earth"로 헉슬리는 버클리의 *The Principles of Human Knowledge*에서 이 구절을 인용하였다.

답다고 인식하는 것과 다르게 바라보는 관점이 있습니다. 우주 창조 에너지가 감각능력이 있는 존재에게 작용할 때, 그것의 여러 표현 가운데 우리가 고통 혹은 고생이라고 부르는 것이 생겨납니다. 이 진화의 유해한 산물은 동물 조직의 수준이 발전함에 따라 수량과 강도가 증가하여, 인간에 이르러 가장 높은 단계가 나타나고 있습니다. 또한 그 정점은 한낱 동물에 불과한 인간이나, 야만인 혹은 반야만인인 인간에게는 나타나지 않으며, 조직화된 정치체제의 구성원인 인간에게만 출현하고 있습니다. 이것은 인간이 자신의 고귀한 능력을 충분히 발전시키는 데 필수적인 조건들 속에서 경쟁방식으로 살아가려고 노력하는 데 따른 필연적 결과입니다.

인간이란 동물은 사실상 감각 세계의 영도권을 획득하였으며, 생존경쟁에서 승리한 결과로 인간 자신이 만물의 영장으로 변화했습니다. 특정한 질서의 조건하에서 인간 조직은 스스로 그 조건에 적응하여, 우주 분쟁에서 경쟁자 조직보다 뛰어나게 되었습니다. 인류의 경우, 가질 수 있는 모든 것을 수단을 가리지 않고 차지하고, 지킬 수 있는 모든 것을 끈질기게 쥐고 있으려는 자기주장이 생존경쟁의 본질을 구성하고 있는데, 이 점이 바로 인간의 뛰어난 적응력을 말해주고 있습니다. 야만 상태에서 성공적으로 생존하기 위해 인간은 원숭이나 호랑이가 지니고 있는 특성들인 특수한 신체구조, 교활함, 집단성, 호기심, 모방성 및 상대방에 의해 격분되었을 때 일어나는 난폭함과 잔인한 파괴력 등에 널리 의존하였습니다.

그러나 인류가 무정부 상태에서 조직화된 사회로 나아가고 또 문명의 가치가 날로 증대함에 따라, 이 뿌리 깊고 유용한 특성들은 점차 결점으로 변해갔습니다. 문명인들은 성공한 사람들의 모습을 본받아 자신이 타고 올라온 사다리를 기꺼이 걷어찼습니다. 그들은 '원숭이와 호랑이가 사멸하는' 모습을 매우 기쁘게 바라볼 뿐이었습니다. 그러나 그러한 특성들은 인간의 뜻대로 사라지지 않았습니다. 인간의 열정적 청춘 시절 절친한 동료였던 그것들이 정돈된 문명생활 속으로 불청객처럼 침입하여, 우주 과정이 인간이라는 하등 동물에게 필연적으로 가져다주는 고통과 슬픔 위에다, 헤아릴 수 없을 정도의 무한한 고통과 슬픔을 가중시켰던 것입니다. 사실 문명인은 원숭이와 호랑이의 속성에서 비롯된 모든 충동에 죄악이라는 오명을 씌웠으며, 이러한 충동에서 기인한 많은 행동을 범죄로 처벌했습니다. 그리고 극심한 경우 인간은 이전 시대 최적의 생존자를 도끼와 밧줄로 근절시키기 위해 최선을 다했습니다.

나는 문명인들이 이미 이러한 지점에 도달했다고 말한 바 있습니다. 이러한 주장은 아마도 너무 광범위하고 일반적이어서, 윤리적 인간이 거기에 도달했다고 하는 것이 더 옳을 것입니다. 윤리학은 우리에게 이성적 생활 원칙을 제공하고, 무엇이 올바른 행동인지 그리고 왜 그것이 올바른지에 대해 설명할 수 있다고 공언하고 있습니다. 전문가들 사이에서 어떠한 의견 차이가 발생한다 하더라도, 원숭이와 호랑이식의 생존경쟁 방법은 건전한 윤리 원칙과 화해될 수 없다는 점에서 대체로 의견 일치가 이뤄지고 있습니다.

우리 이야기의 주인공은 콩나무를 타고 내려가 다시 보통 세계로 돌아갔습니다. 이곳은 살기가 힘들고 일하기가 어려우며, 추악한 경쟁자들이 아름다운 공주보다 훨씬 많고, 자기 자신과의 끊임없는 싸움에서 승리를 거두는 일이 거인과의 싸움보다 더욱 힘든 세계입니다. 우리는 이미 이와 유사한 일들을 겪어왔습니다. 수천 년 전에 우리를 앞서 살아간 수많은 인류 역시 죄악이라는 동일한 난제에 직면했던 것입니다. 그들은, 우주 과정은 진화하며, 그 과정 속에 경이로움과 아름다움뿐 아니라 동시에 고통이 가득하다는 점을 인식했습니다. 그들은 이 중대한 사실이 윤리에 미칠 영향이 무엇인지 발견하고, 우주과정 속에 도덕을 보호할 수 있는 길이 있는지 여부에 대해 탐구했습니다.

진화의 개념이 주요한 역할을 하는 우주 이론들은 적어도 기원전 6백 년 전부터 존재해왔습니다. 그것들 가운데 어떤 지식은 기원전 5세기에 저 멀리 갠지스 강 하안과 에게 해 아시 이 해안에서 발원하여 우리에게 전해진 것입니다. 이오니아[2]의 철학자와 마찬가지로 힌두스탄[3]의 고대 철학자들에게 있어 현상 세계의 두드러진 특징은 부단한 변화였습니다. 즉 만물은 끊임없이 흐르면서, 태어나 눈에 볼 수 있는 존재가 되었다가 다시 무로 돌아가는데, 이 과정에는 시작의 표시도 없고 종결의 징조도 볼 수가 없다는 것입니다. 또 감각능력이 있는 모든 생물은 고통을 느끼며, 이는 우연한 부산물이 아니라 우주 과정의 본질적 구성 요소라는 점은 몇몇 현대 철학의 고대 선구자들에게도 분명하게 인식되었습니다. 정력적인 그리스

---

2) 소아시아 서쪽 지중해 연안 및 에게 해에 면하고 있는 지방의 옛 이름. 현재 터키의 일부로 기원전 10세기에 고대 그리스의 한 종족인 이오니아인이 이주하여 12개의 식민지를 건설하고 약 400년간 번영하였으며, 밀레투스를 중심으로 발전한 이오니아학파는 고대 그리스 문화 형성에 크게 이바지하였다.
3) 남부의 데칸과 대조를 이루는 인도 북부 지역으로 대체로 비옥하고 인구가 밀집되어 있으며 인도의 부와 물리적 힘의 대부분이 집중되어 있는 인도 권력의 주요 중심지로 여겨져왔다. 힌두스탄이란 이름은 '빈디아 산맥의 북쪽'을 의미하거나 인도 전역을 지칭하기도 한다.

인은 '투쟁이 아버지이자 왕'인 세계에서 강렬한 즐거움을 찾았을 수 있었지만, 고대 아리아인[4]의 정신은 인도 현자의 정적주의(靜寂主義)에 압도되었습니다. 인류를 뒤덮고 있는 고통의 안개가 아리아인의 시야로부터 다른 모든 것을 볼 수 없도록 감춰버려, 그들에게 삶은 고통과 함께하는 것이고 고통은 삶과 함께하는 것이 되었습니다.

이오니아와 마찬가지로 힌두스탄에서도 비교적 수준이 높고 상당히 안정적인 문명 시기가 반(半) 야만 상태와의 오랜 투쟁 시기를 거친 이후에 출현하였습니다. 부강함과 안전함 속에서 휴양과 교양을 얻었지만 곧이어 철학의 함정에 빠져들었습니다. 생존 자체를 위한 투쟁은 운이 좋은 소수에게 완화되거나 부분적으로 은폐될 수 있었지만 결코 중단되지 않았습니다. 생존 투쟁에 이어 삶을 의미 있게 하고 사물의 질서를 인간의 도덕성과 조화롭게 만드는 투쟁이 일어났는데, 이 또한 중단되지 않고 지속되었습니다. 그러나 소수의 철학가들에게 이 투쟁은, 지식이 증가하고 가치 있는 삶의 이상이 실현되는

---

4) 인도유럽어족에 속하는 인종을 통틀어 이르는 말. 본디는 기원전 1500년 무렵에 중앙아시아로부터 인도나 이란에 이주한 고대 민족으로, 언어를 포함한 문화상의 공통성으로 보아 이들이 서진(西進)한 것이 그리스인, 로마인, 게르만인, 슬라브인, 켈트인이 된 것으로 추정된다.

매 단계마다 더욱 첨예하게 변해갔습니다.

2천 5백 년 전에도 문명의 가치는 지금처럼 뚜렷했으며, 질서 있는 정치체제의 정원에서만 인류가 탄생시킬 수 있는 가장 좋은 결실이 산생될 수 있다는 점도 분명했습니다. 그렇지만 문화가 주는 축복이 결코 순수하지 않다는 점도 확실했습니다. 정원은 쉽게 온실로 비꿔었으며, 감각을 자극하고 감정을 들뜨게 하는 풍조는 쾌락의 원천을 끊임없이 증가하게 만들었습니다. 지적 영역이 부단히 넓어짐에 따라 과거와 미래를 통찰하는 인간의 특별한 능력이 무한히 확장되어, 스쳐 지나가는 현재 위에 과거의 옛 세계와 미래의 새로운 세계를 통합하였습니다. 그로 인해 인간의 생각이 더 넓은 세계에 미칠수록 자신의 문화 수준도 더욱 높아져갔습니다. 감각이 예민해지고 감정이 세련되어지면서 수많은 즐거움이 생겨났지만, 숙명적으로 고통의 용량도 그에 상응하여 확장되어갔습니다. 또 비범한 상상력은 새로운 우주를 창조했지만, 동시에 그에 상응하여 과거에 대해 쓸데없이 후회하고 미래에 대해 병적으로 걱정하는 지옥도 만들었습니다.[3] 결국 지나친 자극과 피로의 불가피한 대가로 문명의 문을 자신의 위대한 적인 권태에게 열어주었습니다. 생기가 없고 따분해지는 권태는 남녀가 즐거운 일이 없거나 모든 일이 공허하고 괴로울 때 생기며, 그러한 삶에는 죽음과 같은 지루함을 피하는 일 이외에 어떠한 가치도 없는 듯합니다.

심지어 순수한 지적 진보라 하더라도 그에 대한 대가를 초래하기 마련입니다. 행동에 열중하는 저돌적인 사람들의 거칠고 간편한 방식으로 결정된 문제들에 대해, 곰곰이 생각해보면 새롭게 주의할 필요가 있을 뿐 아니라 여전히 해결되지 않은 수수께끼가 남아 있다는 점이 드러날 것입니다. 오랜 신념의 무덤 속에 거주하며 그 수가 무수히 많은, 의심이란 인자한 악마가 인간 안으로 들어오면서부터 떠나려고 하지 않습니다. 의심은 전통적으로 숭배되고 항상 올바른 것이라고 공언되는 신성한 관습들이나, 선조의 지혜를 거친 신령한 판결들에 대해 의문을 제기합니다. 또 문화적인 반성을 통해 그들의 자격에 대해 심문을 하고 자기 자신만의 기준에 의거해 그들을 심판합니다. 마지막으로, 의심이 승인한 것들을 모아 윤리 체계를 구성하는데, 그 안에서 작동하는 논리는 미리 정해놓은 결론을 채택하기 위한 고상한 구실 이상은 아닙니다.

이 체계에서 가장 오래되고 중요한 요소 가운데 하나가 바로 정의 개념입니다. 사회는 구성원들이 어떠한 행동 원칙을 서로 준수할 것에 동의하지 않는다면 성립할 수가 없습니다. 사회의 안정성은 구성원들이 합의를 지키는 견고함에 달려 있으며, 구성원들이 동요한다면 사회를 결속시키는 상호 신뢰가 약해지거나 파괴될 것입니다. 늑대들은 무리를 이루어 사냥을 할 수는 없지만, 표출을 하지 않더라도 사냥할 때 서로 공격해서는 안 된다는 점만은 실제적으로 합의하고 있습니다. 가장 원시적인 정치제제는 그와 같은 묵계 혹은 표출된 합의 속에서 살아가는 사람들의 집단입니다. 그들이 늑대 사회를 뛰어넘는 매우 중요한 진보를 이룩했다면, 그것은 구성원 전체의 힘을, 합의를 위반하는 사람들에게는 적대적이고 합의를 준수하는 사람들에게는 우호적으로 사용하는 데 동의했다는 점일 것입니다. 공인된 규칙에 따라 처벌과 보상을 합당하게 배분하는 일을 공동으로 합의하여, 이를 준수하는 경우는 정의의 이름으로 수용되었고 그 반대의 경우는 불법이라고 칭해졌습니다. 초기 윤리학은 규칙 위반자의 의도에 대해 충분히 주의를 기울이지 않았습니다. 그러나 의도하지 않은 범죄와 고의적인 범죄, 단순히 잘못된 행동과 범죄적 행동에 대해 근본적으로 구별하지 않는다면, 문명은 크게 진보될 수 없을 것입니다. 도덕적 인식이 점차 세련되어감에 따라, 이러한 구별 과정에서 생기는 행동의 공과 문제가 갈수록 이론적이고 실천적인 중요성을 얻고 있습니다. 생명은 생명을 위해 주어져야 하기 때문에 의도하지 않은 살해자를 일률적으로 사형에 처해서는 안 된다는 점이 인정되었습니다. 또 공적인 정의 개념과 사적인 정의 개념 사이의 타협을 통해, 그에게 피를 부르는 복수자로부터 보호받을 수 있는 피난처를 제공하였습니다.

정의 관념은 이렇게 행동에 따른 상벌에서 공과에 따른 상벌, 다른 말로 하면 동기에 따른 상벌로 점차 순화되었습니다. 올바른 동기에서 비롯된 행동인 정당함은 정의의 동의어가 되었을 뿐 아니라 도덕적 결백의 적극적 요소이자 선의 진정한 본질이 되었습니다.

인도인이든 그리스인이든 이러한 선의 개념에 도달한 고대의 현자들은 세계 특히 직면하고 있는 인간의 삶에 관해 사유할 때, 우리와 마찬가지로 진화 과정을 가장 기본적인 윤리적 이상인 정의나 선과 조화롭게 하는 일이 결코 쉽지 않다는 점을 발견했습니다.

다른 어떤 것보다 분명한 일이 있다면 삶의 즐거움이든 고통이든 간에 단순한 동물 세계에서는 공과에 따라 그것이 할당되지 않는다는 점입니다. 왜냐하면 감각능력이 비교적 낮은 생물들이 공과를 받는 것은 명백히 불가능하기 때문입니다. 만일 모든 시대 모든 국가의 사려 깊은 사람들이 동의하고 있는 인류 생활의 사실에 근거하여 일반화한다면, 그것은 윤리

원칙의 위반자가 마땅히 받아야 할 처벌로부터 끊임없이 도피하려 하고, 사악한 사람은 계수나무처럼 늘어나지만 정직한 사람은 목숨을 구걸해야 하고, 부모의 죄가 자녀들에게 해를 끼치고, 자연의 영역에 대한 무지로 인해 범한 잘못이 의도적으로 저지른 잘못인 것처럼 가혹하게 처벌되고, 수많은 무고한 사람들이 한 사람의 범죄나 의도하지 않은 불법 행위로 인해 고통을 받는다는 점입니다.

그리스인, 셈족,[5] 인도인은 모두 이 문제에 대해 공통적인 시각을 보이고 있습니다. 「욥기」[6]는 「노동과 나날」,[7] 불경의 시각과 일치하며, 이스라엘의 「잠언」,[8] 「전도서」[9]는 그리스 비극시의 시각과 일치합니다. 사실 고대 비극에서 사물의 본질 속에 내재한 예측할 수 없는 불의보다 비극을 일으키는 가

---

5) 셈족(Semite)은 구약성서에 나오는 노아의 맏아들 셈의 자손이라 전해지는 종족으로, 바빌로니아 · 아시리아 · 페니키아 · 히브리에 거주하는 사람들이다. 오늘날의 아라비아인과 유대인이 여기에 속한다.

6) 욥기는 구약성경 가운데 지혜문학의 대표라고 할 시극. 욥이라는 인물의 이유 없는 고난을 통해 인간의 고통에 대한 신학적 해석을 시도하고 있다.

7) 기원전 8세기 무렵 고대 그리스 시인 헤시오도스(Hesiodos)가 지은 교훈적 서사시. 노동과 정의를 사회의 기초로 삼는 엄격한 도덕률과 격언, 농업의 역사 등이 서술되어 있다

8) 구약 성경 속의 한 편. 솔로몬 왕의 지혜와 교훈을 내용으로 하고 있다.

9) 구약 성경 속의 한 편. 인생은 무상한 것이므로 오직 하나님을 경외하고 그 계명을 지킬 것을 요구하고 있다.

장 일반적인 동기가 있었을까요? 또 자기 자신의 활동이나 타인의 죄악이 운명적으로 작용하여 무고한 사람을 파멸시키는 이야기를 재현하는 것보다 더 진실하게 다가오는 것이 있었을까요? 분명 오이디푸스는 마음이 순수한 사람이었습니다. 하지만 완전히 결백한 그가 아버지를 살해하고 어머니의 남편이 되어, 그의 백성들을 황폐하게 할 뿐만 아니라 자기 자신을 급작스레 몰락하게 만든 것은 바로 사건의 자연스런 순서—우주 과정—였습니다. 혹은 내가 설정한 연대의 범위를 넘어 햄릿을 볼 때, 그 영원한 매력을 구성하는 것이 자기도 모르게 혼란스런 세계에 빠져든, 무고한 이상주의자의 매우 인상 깊은 이야기 속 체험이 아니라면 무엇이겠습니까? 그 사람은 범죄와 불행이 얽힌 상황 속에 빠져드는데, 이는 우주 과정의 주요 동력 가운데 하나가 마치 인간 내부에서 인간을 통해 작동하는 것 같은 방식으로 조성된 것입니다.

그래서 우주가 윤리학의 법정 앞에 서면 유죄를 받아 마땅한 것처럼 보일 수 있습니다. 인간의 양심은 자연의 도덕적 무관심에 저항을 하며, 소우주의 원자로서 무한한 대우주의 유죄를 발견했어야 했습니다. 그러나 과감하게 그 판결을 기록한 사람은 거의 아무도 없었습니다.

이 문제에 대한 셈족의 중대한 재판에서 욥은 침묵과 굴종

속으로 도피했으며, 인도인과 그리스인은 지혜가 모자랐는지 화해할 수 없는 점을 화해시키려 애쓰며 우주를 변호하였습니다. 이를 위해 그리스인들은 신정론(theodicy)[10]을 발명했으며, 인도인들은 궁극적인 형태로 볼 때 차라리 우주정론(cosmodicy)[11]이라고 불러야 하는 논리를 고안했습니다. 왜냐하면 불교는 많은 신과 주재자를 승인하지만 그들을 우주 과정의 산물이라고 인식하기 때문입니다. 아무리 오랫동안 지속되더라도 그들은 우주의 영원한 활동의 일시적 표현에 불과할 뿐입니다. 윤회 학설의 기원이 무엇이든지 간에, 힌두교와 불교의 사유는 기존 학설[4]을 활용하여 인간을 대하는 우주의 방식을 위해 그럴듯한 변호수단을 찾은 것입니다. 이 세계는 고통과 슬픔으로 가득하고 불행과 죄악이 의로운 사람이나 사악한 사람 모두에게 비처럼 떨어집니다. 이것은 비가 내리는 이치처럼 과거와 현재 그리고 미래가 불가분하게 연결되어 있는 끝없는 인과 사슬 속의 고리들이기 때문입니다. 여기서는 어떠한 상황에서 저지른 부정이든 모두 똑같은 부정이 됩니다.

---

10) 신정론(神正論)은, 신은 악이나 화를 좋은 목적을 위한 수단으로 인정하고 있으므로 신은 바르고 의로운 것이라는 이론. 이 세상에 악이나 화가 존재한다는 이유를 들어 신의 존재를 부인하려는 이론에 대응하여 생긴 것이다.
11) 우주정론(宇宙正論)은 악이나 화의 존재를 우주의 섭리로 이해하려는 시각

감각능력이 있는 모든 존재는 씨를 뿌린 후에 수확을 하게 되는데, 그 씨는 금생(今生)의 것이 아니라면 무수한 전생(前生)들 가운데 가장 최근의 생에서 뿌린 씨일 것입니다. 그래서 배분된 현재의 선악은 축적된 긍정 부정의 공과를 대수적으로 합산한 상태입니다. 그렇지 않으면 총합의 유동적인 균형에 의지한다고 하는 편이 나을 것입니다. 왜냐하면 완벽한 결산이 항상 이루어져야 할 필요가 조금도 없기 때문입니다. 하지만 지연된 부분은 일종의 '지연된 강풍'으로 작용할 수 있어서, 방금 획득한 천국의 행복 시기가 곧바로 소름 끼치는 지옥 세계의 고통 시대로 이어질 수 있습니다. 이것은 지연된 균형이 몇몇 먼 선조들의 잘못으로 인한 대가이기 때문입니다.[5]

이러한 변론을 통해 우주 과정이 처음보다 더욱 도덕적으로 보이게 되었는지 여부는 아마도 의문스러울 것입니다. 하지만 정당화를 위한 이러한 변명이 적어도 다른 방식에 비해 그럴싸하게 보이며, 경솔한 사상가를 제외하고는 아무도 특유의 불합리성을 내세워 이를 거부하지는 않을 것입니다. 진화학설 자체와 마찬가지로 인과 학설도 실제 세계에 자신의 뿌리를 두고 있으며, 유추를 통해 설득력 있는 논증을 하는 것과 같은 지원을 받을 수 있습니다.

일상적 경험을 통해 우리는 유전이라는 이름하에 분류된

사실들과 친숙해져 있습니다. 우리는 누구나 자기 가문의 명백한 표지를 지니고 있는데, 아마도 이는 훨씬 오래전부터 내려온 친족관계의 표지일 것입니다. 더 분명한 것은, 성격 (character)이라 불리는 어떤 방식으로 행동하는 성향의 총합이 종종 직계와 방계 조상의 오랜 계보를 통해 남겨진 흔적이라는 점입니다. 그래서 우리는 이 성격—도덕적이고 지적인 인간의 본성—이 실제로 한 육체에서 다른 육체로 이전한 것일 뿐 아니라 한 세대에서 다른 세대로 윤회한 것이라고 확실하게 말할 수 있습니다. 새로 태어난 아이에게는 혈통의 특성이 잠재되어 있으며, 자아 역시 잠재성의 집합에 지나지 않습니다. 그러나 이 잠재성들은 매우 일찍 현실성으로 전화되어, 어린 시절에서 성년에 이르는 사이에, 스스로 어리석은지 현명한지, 연약한지 강인한지, 사악한지 정직한지, 자신의 성격을 드러냅니다. 이렇게 형성된 성격은 다른 성격과 섞이며 변형된 특성을 지니게 되지만, 특별한 일이 없으면 그것이 후손의 신체에 이전되어 다시 태어납니다.

인도 철학자들은 이렇게 정의된 특성을 '카르마' [12)]라고 불렀습니다. 한 생에서 다른 생으로 넘겨주고 그것들을 윤회의 사슬 속에 연결시키는 것이 바로 카르마[6]입니다. 그들은 각각의 생이 혈통의 결합뿐만 아니라 자기 자신의 행위에 의해 변형된다고 주장합니다. 사실 그들은 획득형질이 유전적으로 전달된다는 이론을 강력하게 신봉하고 있는데, 이 이론은 바로 지금 격렬하게 논쟁되고 있는 문제입니다. 한 성격 속의 경향들이 가장 중요한 조건인 수행(self-discipline) 여부에 따라 그 발현이 촉진되기도 하고 방해받기도 한다는 것은 분명하지만, 성격 자체가 이러한 방식으로 변형된다는 것은 결코 명백한 사실이 아닙니다. 또 나쁜 사람은 자신이 유전 받은 성격보다 더 나쁜 것을 물려주고, 정직한 사람은 자신이 유전 받은 성격보다 더 좋은 것을 물려주는 것인지도 확실치 않습니다. 하지만 인도 철학자들은 이 문제에 대해 어떠한 의심도 용인하지 않았습니다. 카르마에 대해 조건 특히 수행이 영향을 끼칠 수 있다는 신념은, 인과응보론의 필수 전제일 뿐 아니라 바로 윤회의 끝없는 순환에서 벗어날 수 있는 유일한 방법이었기 때문입니다.

초기 인도철학의 형식은 우리 시대에 유행하는 논리와 유사하여, 물질이든 정신이든 끊임없이 변화하는 현상의 근본에

---

12) 카르마는 산스크리트어 karma의 음역이며, 선악의 업을 오랫동안 지어서 자연스럽게 형성된 선악의 씨앗을 말한다. 갈마(羯磨), 종업(種業), 업(業)으로 번역된다. 헉슬리는 인도의 업 사상을 진화학설 가운데 획득형질의 유전(hereditary transmission of acquired characters)과 관련시켜 다루고 있다.

는 영원한 실재 혹은 '실체'가 존재한다는 점을 가정하고 있습니다. 우주의 실체는 '브라만'[13]이며 개인의 실체는 '아트만'[14]이라고 합니다. 하지만 아트만과 브라만은 분리되어 있는데, 만일 이렇게 말해도 된다면, 이는 오직 삶의 허상을 만드는 현상의 외피, 감각, 사상 그리고 욕망의 포장에 의해서 그렇게 된 것입니다. 무지한 사람들은 이를 실재라고 간주하여 그들의 아트만은 영원히 미혹에 갇히고, 욕망의 족쇄에 채워지며, 불행의 채찍질을 받게 됩니다. 그러나 깨달은 사람은 표면상의 실재는 허상에 불과하거나 혹은 2천 년 후에 말하는 것처럼 거기에는 선악이 없고 단지 생각이 그렇게 만든 것일 뿐이라고 인식합니다. 만약 우주가 "정의로운 것이고 쾌락을 추구하는 인간의 악덕을 수단으로 삼아 채찍질하는" 것이라면, 악습에서 벗어날 유일한 방법은 우리의 악덕이 흐르는 욕망의 원천을 파괴하고, 더 이상 진화 과정의 수단이 되는 것을 거부하며 생존경쟁에서 물러나는 일일 것입니다. 카르마가 수행에 의해 변화될 수 있고 그 조잡한 욕망이 하나하나 소거될 수 있다면, 자기주장의 근본적인 욕망 혹은 생존 욕망도 파괴될 수

---

13) 브라만(Brahman)은 우주 성립 이전부터 존재하는 세계의 질료인이자 동력인이다.
14) 아트만(Atman)은 숨을 뜻하며 인간의 생활 능력과 기능의 근거이고, 이 점에서 자아의 의미로 사용된다.

있을 것입니다.[7] 그렇게 되면 허상의 거품은 터져버리고, 해방된 개인의 아트만은 스스로 우주의 브라만 속으로 용해될 것입니다.

이것은 불교 이전의 구원 개념이었으며 그러한 구원을 얻으려는 사람들이 따르던 방법이었던 듯합니다. 여태까지 인도의 수도승만큼 고행을 철저하게 수행한 사람은 없었으며, 후세의 수도자들은 인간의 정신을 무감각한 몽유병 상태에 이르게 할 만큼 성공을 거두지 못했습니다. 성자가 되기 위한 공인된 일이 아니었다면 이 상태는 아마도 백치와 혼동될 위험을 무릅써야 했을 것입니다.

그리고 이러한 구원은 지식과 그러한 지식에 기반한 행동을 통해 비로소 얻어지는 것이라고 볼 수 있습니다. 이는 마치 물리 혹은 화학의 어떠한 결과를 얻으려는 실험자가 관련된 자연법칙의 지식을 알아야 할 뿐 아니라, 요청된 모든 다양한 작업을 완수하는 데 필요한 끈기 있고 단련된 의지를 지니고 있어야 하는 것과 같습니다. 이 과정에서 말 그대로의 초자연적인 것은 완전히 배제되어 있습니다. 카르마를 일으키는 인과의 과정에 영향을 끼칠 수 있는 외부적인 힘은 아무것도 없으며, 오직 카르마의 주체 의지만이 그것을 종결할 수 있습니다.

내가 조리 있게 설명하려고 애쓴 이 놀라운 이론에 기초한다면 오직 한 가지 행동원칙만이 정립될 수 있습니다. 과도한 고통이 확실하게 존재할 때 지속적으로 생존한다는 것은 어리석은 일이며, 동시에 생존이 연장됨에 따라 고통이 증가하게 될 가능성도 피할 수가 없습니다. 육신을 살해하는 것은 일을 더 악화시킬 뿐이며, 영혼의 모든 활동을 자발적으로 정지시키는 방법을 통해 영혼을 살해하는 것만이 유일한 출로입니다. 재산, 사회적 결속, 가족애, 우애는 포기해야 하며, 심지어 음식을 위한 가장 자연스러운 식욕도 절제하든지 아니면 최소한으로 줄여야 합니다. 한 인간에게 남아 있는 모든 것이 무감각하게 되거나 혹은 탁발승처럼 자기최면을 통해 몽환상태에 빠지게 되면, 그때가 바로 미혹된 신비주의자들이 브라만과의 결합이 바로 가까이 온 것이라고 기대하는 순간이 됩니다.

불교의 창시자는 선배들이 제기한 주요 가정을 받아들였습니다. 그러나 그 창시자는 개인의 존재를 절대적 존재 속으로 융해시키는 즉, 아트만을 브라만 속으로 융해시키는 과정에서 일어나는 실제적인 소멸에 대해 불만스러워했습니다. 어떠한 실체에 대한 승인은, 그것이 질량도 없고 에너지도 없으며 언급할 수 있는 속성도 없는 텅 빈 상태라 하더라도, 그에게 위험하고 미혹된 것으로 비쳤던 것 같습니다. 비록 어떠한 성질도 지니지 않는 무의 상태로 귀결된다 하더라도 그 자체가 신뢰받을 수 없었던 것입니다. 실체가 존재하는 한, 무수한 불행이 연속되는 지루한 윤회가 아마도 다시 시작될 수 있기 때문입니다. 고타마[15]는 철학을 연구하는 사람들이 매우 흥미로워할 형이상학적 사유를 통해 영원한 존재가 지니는 흔적의 그늘조차 제거하려 했습니다. 이는 버클리[16] 주교의 유명한 관념론 논쟁에서 결핍되어 있는 나머지 반을 채워주는 것입니다.

그 전제들을 승인한다면, 버클리의 결론 즉, 물질의 '실체'는 형이상학적으로 알 수 없고 증명할 수 없는 존재라는 주장에서 벗어날 길이 없어 보입니다. 하지만 버클리는 물질뿐만 아니라 정신의 실체 역시 증명할 방도가 분명치 않다는 점을 생각하지 못했습니다. 그의 추론을 공정하게 적용한다면, 결국 만물이 현상의 연속 속에서 함께 존재하며, 그 현상의 배후에 존재하는 그 무엇에 대해 우리가 인식할 수 있는지 증명할

---

15) 고타마(Gotama)는 싯다르타(Siddhartha)의 성이다. 붓다(Buddha) · 부처 · 불타 (佛陀) 등으로 불리는데, 깨달은 자라는 뜻이다. 석존(釋尊) · 석가 · 석가모니 (Śākyamuni) 등으로도 불리는데, 이는 사키야족의 성자라는 의미이다.
16) 영국의 철학자이자 성직자(1685~1753). 경험주의적 인식론에서 출발하여 극단적인 관념론을 주장하였다. 저서에 『인간 지식의 원리』가 있다

수 없다는 결론으로 이어질 것입니다. 고타마가 현대의 위대한 관념론자 버클리보다 더욱 깊이 있게 통찰할 수 있었던 것은 바로 인도인의 사유가 예민하다는 점에 대한 뚜렷한 표지입니다. 만일 정신의 본질에 대한 버클리의 추론을 끝까지 밀고 나간다면, 그들이 매우 유사한 결론에 도달할 것이라는 사실을 승인해야 하더라도 말입니다.[8]

고타마는 당시 유행하던 브라만 교리 즉 천상계, 인간계, 지옥 및 그 속의 수많은 신들, 여타의 천체들, 감각능력이 있는 동물들, 마라와 그의 마귀들을 포괄하는 전 우주가 생멸의 수레바퀴 속에서 끊임없이 굴러가고, 모든 인간도 그 과정에서 자신의 윤회의 모습을 지니게 된다는 교리를 받아들였습니다. 나아가 그는 모든 실체를 제거하고, 우주를 어떠한 토대도 없는 감각, 감정, 의지, 사상의 단순한 흐름으로 귀결시켰습니다. 물결 표면 위의 파문과 소용돌이가 잠시 일어났다가 곧바로 그것들을 생기게 만든 원인과 더불어 소멸하듯이, 개별적인 존재처럼 보이는 어떤 것도 "기둥에 묶여 있는 개처럼" 하나의 중심을 순환하는 현상들의 일시적 결합일 뿐입니다. 우주에는 영원한 사물이 없으며, 정신이든 물질이든 영원한 실체라고 부를 수 있는 것도 존재하지 않습니다. 인격은 형이상학적인 환각입니다. 확실히 인간뿐만 아니라 모든 사물은 우주적 환영이 무궁무진한 세계에서 꿈을 만드는 재료와 같은 것입니다.

그렇다면 카르마는 어떻게 되는 것일까요? 카르마는 변화하지 않고 남아 있습니다. 우리가 자성이라고 부르는 에너지의 특수형식은 천연 자석에서 강철 조각으로, 강철 조각에서 니켈 조각으로 전해질 수 있으며, 각 재질에 머무는 동안 처한 조건에 따라 자성이 강해질 수도 있고 약해질 수도 있는 것처럼, 카르마도 감응을 통해 한 현상에서 다른 현상으로 전해질 수 있다고 생각했던 것 같습니다. 어찌되었든 간에, 아트만이든 브라만이든 실체의 잔해가 남아 있지 않을 때, 고타마는 분명 윤회의 소멸을 더욱 잘 보증할 수 있었을 것입니다. 다시 말하면, 모든 꿈을 종결시키기 위해서는 꿈을 꾸지 않겠다는 생각을 꿈꾸어야 한다는 것입니다.

삶의 꿈이 이렇게 종결된 상태가 바로 열반(Nirvana)입니다. 열반이 무엇인지에 대해서는 학자들의 의견이 일치하지 않습니다. 그러나 가장 훌륭한 최초의 권위자들에 따르면, 열반에 들어간 현자들에게는 어떤 욕망이나 행동도 존재하지 않고, 또 현상적으로 재생할 어떠한 가능성도 없다고 합니다. 이러한 불교 철학의 정점을 "정적만이 남은 상태(the rest is silence)"[9]라고 해도 무방할 것입니다.

그래서 고타마와 그의 선배들 사이에는 행위 목표에 있어서 실제적으로 커다란 차이가 존재하지 않지만, 그 목표를 실천하는 방법에 있어서는 확연히 다른 길을 걷고 있습니다. 인간의 본성에 대한 정확한 통찰력을 바탕으로 고타마는 극단적인 고행이 무용할 뿐 아니라 실제로 해롭다고 주장합니다. 식욕과 정욕은 육체의 금욕만을 통해서 없어질 수 없습니다. 그것들에 대항할 수 있는 심리적 습성인 박애·보은·겸양·절제의 덕목을 착실히 배양함으로써, 그것들의 기반을 공격하여 정복해야 합니다. 요컨대 우주 과정의 본질인 자기주장을 완전히 극복해야 한다는 것입니다.

불교가 놀라운 성공을 거둔 요인은 틀림없이 그 윤리적 특질 때문일 것입니다.[10] 불교는 서구적 의미의 신을 믿지 않습니다. 인간의 영혼을 부정하며, 영생에 대한 믿음은 큰 실수이고 그에 대한 희망은 죄악이라고 인식합니다. 기도와 제사의 효용을 거부하고, 인간 자신의 노력에 의해서만 해탈을 하도록 명합니다. 복종을 강요하지 않고, 편협함을 혐오하며, 세속적인 무력의 도움을 구하지 않습니다. 그럼에도 불구하고 불교는 구세계의 수많은 지역에 놀라운 속도로 전파되었을 뿐 아니라, 현재에도 갖가지 이질적인 미신과 섞여 있기는 하지만 여전히 상당수 인류 사이에서 지배적인 신앙으로 자리하고 있습니다.

  이제 우리의 관심을 서방 즉 소아시아, 그리스, 이탈리아 쪽
으로 돌려 인도 이외의 철학이 흥기하고 발전하는 과정에 대
해 살펴보겠습니다. 그곳의 철학은 인도와 확연히 다른 특성
을 지니고 있지만 마찬가지로 진화 개념이 깊숙이 스며들어
있습니다.[11]

  밀레토스[17]의 현자들은 모두 저명한 진화론자입니다. 에페
소스[18] 출신 헤라클레이토스[19]—아마도 고타마와 동시대인
인—의 말이 아무리 난삽하다 하더라도, 그의 간략한 격언과
인상적인 비유[12]만큼 근대 진화론의 본질을 잘 표현하고 있는
것은 없습니다. 실제로 오늘 이 자리에 계신 많은 청중들은 내
가 강연의 서두에서 진화론에 대해 간략히 설명할 때 그의 말
을 한 차례 이상 빌려 왔다는 점을 주목했을 것입니다.

  그러나 그리스 학술 활동의 중심이 아테네로 옮겨 왔을 때

---

17) 밀레토스(Miletos)는 고대 그리스 시대에 이오니아인이 소아시아 서해안 메안델
(Maeander) 강 하구에 세운 식민도시이다

18) 에페소스(Ephesos)는 소아시아 이오니아 지방에 있는 그리스 도시 중 가장 중요
했던 곳으로 터키 이즈미르 주의 셀주크 마을 부근에 있다.

19) 고대 그리스의 철학자(기원전 540?~480?). 탈레스의 학설에 반대하여 만물의 근원
은 영원히 사는 불이며, 모든 것은 영원히 생멸하며 변화하는 것이라고 역설하였다.

주요 학자들의 관심은 윤리적 문제에 집중되어 있었습니다. 소우주 연구를 위해 대우주 연구를 포기하면서 그들은 위대한 헤라클레이토스의 사상에 접근할 수 있는 열쇠를 잃어버렸습니다. 내 생각에 그의 사상은 소크라테스[20]나 플라톤[21]보다는 현재 우리들이 이해하기가 더욱 쉬울 것입니다. 특히 소크라테스는 일종의 전도된 불가지론을 유행시켰는데, 이 과정에서 그는 물리학의 문제는 인간의 지혜를 넘어선 것이고 그 문제들을 해결하려는 시도는 매우 부질없는 일이며 연구할 만한 유일한 대상은 윤리적 삶의 문제라는 가르침을 제시하였습니다. 이러한 태도는 시닉학파[22] 와 후기 스토아학파[23]에 의해

---

20) 고대 그리스의 철학자(기원전 470?~399). 문답을 통하여 상대의 무지(無知)를 깨닫게 하고, 시민의 도덕의식을 개혁하는 일에 힘썼다. 신(神)을 모독하고 청년을 타락시켰다는 혐의로 독배(毒杯)를 받고 죽었다.

21) 고대 그리스의 철학자(기원전 428?~347?). 소크라테스의 제자로, 아카데미아를 개설하여 생애를 교육에 바쳤다. 대화편(對話篇)을 다수 쓰고, 초월적인 이데아가 참실재(實在)라고 하는 사고방식을 전개하였다. 철학자가 통치하는 이상 국가의 사상으로 유명하다.

22) 소크라테스의 제자인 안티스테네스가 창시한 학파. 플라톤의 이데아설에 반대하며, 행복은 덕을 기초로 하고 덕은 지식을 기초로 한다고 인식하고 검소한 생활과 고행을 중시하였다.

23) 기원전 3세기 초에 제논(Zenon)이 창시한 그리스 철학의 한 학파. 윤리학을 중요하게 다루었고 유기적 유물론 또는 범신론의 입장에서 금욕과 극기를 통하여 자연에 순종하는 현인(賢人)의 생활을 이상으로 내세웠다. 후에 로마의 철학자 세네카 등이 이를 완성하였다.

계승되었습니다. 포괄적 지식과 통찰력을 지닌 아리스토텔레스[24]조차 변화무쌍한 현세 속에서 세계의 영원성을 고수하는 것이 퇴보의 길을 걷게 되는 일이라는 점을 깨닫지 못했습니다. 헤라클레이토스의 과학적 유산은 플라톤이나 아리스토텔레스가 아니라 바로 데모크리토스[25]에게 전해졌습니다. 그러나 세계는 아직 데모크리토스 철학의 주요 개념을 받아들일 준비가 되어 있지 않았습니다. 스토아학파에 이르러 비로소 고대 철학자들이 주목한 길로 되돌아가게 되었습니다. 그들은 스스로 헤라클레이토스학파라고 자칭하며 진화 관념을 체계적으로 발전시켰습니다. 이 과정에서 그들은 스승의 가르침 가운데 몇 가지 특성을 빠뜨렸을 뿐 아니라 스승과 전혀 다른 생각을 첨가하였습니다. 이러한 첨가물 중 영향력이 가장 큰 것 가운데 하나가 바로 당시에 유행하고 있던 선험적 유신론(theism)[26]입니다. 헤라클레이토스의 자연은 법칙에 따라 작

---

24) 고대 그리스의 철학자(기원전 384~322). 소요학파의 창시자이며, 고대에 있어서 최대의 학문적 체계를 세웠고, 중세의 스콜라 철학을 비롯하여 후세의 학문에 큰 영향을 주었다.

25) 고대 그리스의 철학자(기원전 460?~370?). 진실로 실재하는 것은 불생불멸(不生不滅)의 아토마(atoma)와 이것이 존재하는 장소로서의 공허뿐이라 하여, 원자론(原子論)에 입각한 유물론(唯物論)을 제창하였다.

26) 우주를 창조하고 지배하는 신이 있다는 종교적 · 철학적 사상

동하지만 격렬한 에너지로 가득 차 끊임없이 변하면서 만물이 생성되고 또 그 만물이 되돌아오는 대년(Great year)[27] 순환 속에 다시 원래의 모습으로 되돌아가는 그러한 존재였습니다. 그러한 자연은 개구쟁이가 해변 위에 모래성을 쌓았다가 무너뜨리는 것처럼 세계를 창조했다가 다시 파괴하는 세계입니다. 하지만 스토아학파는 그러한 자연을 이상적인 신의 속성을 지닌 물질세계의 영혼으로 변형시켜, 무한한 권력과 초월적 지혜를 갖추었을 뿐 아니라 절대적 선을 지닌 존재로 치장하였습니다.

이러한 변화의 결과는 매우 중요합니다. 왜냐하면 우주가 무소부재하고 전능하며 무한히 자비로운 원인에 의해 생성된 산물이라면, 필연적으로 유전되는 악은 물론이고 우주 안에 실재하는 악의 존재마저 명백하게 용인될 수 없기 때문입니다.[13] 그러나 인류의 보편적 경험은 지금과 마찬가지로, 우리 자신을 관찰하든 아니면 외부 사물을 관찰하든 악이 온 사방에서 우리를 주시하고 있고, 또 어떤 사물이 진실하다면 그 사물과 관련되어 있는 고통, 근심 그리고 실수도 모두 진실한 것이라는 점을 입증하고 있습니다.

---

27) 대년은 고대 바빌로니아 사람들에 의해 전승된 것으로서, 세상은 대략 25,920년을 하나의 주기로 하여 새롭게 갱신되어간다는 뜻에서 생겨난 말이다.

그러나 선험철학자들이 경험적 사실의 반대에 부딪혀 자신의 생각을 바꾸는 일은 역사상 벌어진 적이 없습니다. 스토아학파 역시 단순한 사실 때문에 자신의 패배를 인정하는 것을 결코 용납하지 않는 사람들입니다. 크리시퍼스[28]는 '나에게 학설을 주면 그에 적합한 논거를 찾을 것입니다' 라고 말합니다. 그래서 그들은 교묘하고 그럴듯한 변호형식을 (발명한 것이 아니라면) 완성하게 되는데 이것이 바로 신정론(神正論)입니다. 신정론의 목적은 첫째 악과 같은 사물은 없으며, 둘째 만약 있다면 필연적으로 선과 상관된 사물이며, 나아가 악은 우리의 실수에 의해 생긴 것이거나 혹은 우리의 이익에 손해를 끼치는 사물이라는 점을 제시하는 데 있습니다. 신정론은 그 당시에 매우 대중적이었으며, 현재에도 약간 위축되기는 했지만 여전히 그로부터 파생된 수많은 이론이 전해지고 있다고 생각합니다. 내가 아는 한, 그것들은 모두 포프[29]의 "인간론"[30] 가운데 여섯 행의 유명한 시구에 표현된 주제의 변종들입니

---

28) 크리시포스(Chrysippus, 기원전 280~207)는 스토아철학을 체계화한 학자이다.

29) 포프(Alexander Pope, 1688~1744)는 18세기 신고전주의를 대표하는 영국의 시인으로 풍자시와 호머 시의 번역으로 유명하다.

30) 영국의 시인 포프의 장편 철학시. 4편의 서간체(書簡體) 시, 「인간과 신의 관계」, 「인간의 내심의 정열과 이성」, 「인간의 사회적 전개(展開)」, 「행복론」으로 구성되어 있다. 1733~1734년에 출판하였다.

다. 포프는 이 시 속에서 스토아학파 그리고 이들과 비슷한 몇 몇 사상에 대해 볼링브로크(Bolingbroke)[31]가 회상하고 있는 바를 종합하고 있습니다.

> 모든 자연은 네가 알지 못하는 예술이다.
> 모든 우연에는 네가 보지 못하는 방향이 있다.
> 모든 불화는 네가 이해하지 못하는 조화이다.
> 모든 부분적인 악에는 보편적인 선이 있다.
> 오만의 죄악은 잘못된 이성의 죄악 속에 있음에도 불구하고,
> 한 가지 분명한 진리가 있으니 존재하는 모든 것은 올바르
> 다는 것이다.

앞의 세 구절에서 제시된 내용이 그 무엇보다 중요한 진리라고 한다면, 뒤의 세 구절의 내용은 극심한 반대에 부딪치기 쉽습니다. '악한 사물 속에 선한 영혼이 있다'는 것은 의문의 여지가 없으며, 현명한 사람이라면 누구나 고통과 근심의 교육적 가치를 부정하지 않을 것입니다. 그러나 이러한 생각은, 책임감을 느끼지 못하는 무수한 생물은 그런 교육을 통해 이

---

31) 볼링브로크(Bolingbroke, 1678~1744)는 18세기 영국의 정치가로, 애국군주의 이상론을 주장하였다.

익을 얻을 수 없는데도 왜 고통을 받아야 하는지, 또 전지전능한 신에게 열려 있는 무한한 가능성 가운데 죄를 짓지 않고 행복하게 살아갈 가능성이 있음에도 불구하고 왜 죄와 불행이 충만한 현실이 선택되어야 하는지를 이해하는 데 도움이 되지 않습니다. 가장 온순하고 가장 극단적이지 않은 낙관주의자들조차 결코 답변한 적이 없는 논쟁을 이성의 자부심이 느껴지는 제안이라고 여기는 것은 분명 값싼 수사에 불과합니다. 마지막 구절의 격언은 '에피쿠로스 정원'[14]의 정문 위에 진흙으로 제명(題銘)을 써서 걸어놓으면 가장 적합할 것입니다. 왜냐하면 그곳은 이러한 논리를 적용하여 실천할 때 사람들의 모든 자부심을 질식시키고 모든 노력을 마비시켜버리는 장소이기 때문입니다. 이미 모든 것이 올바르다면 만사를 바로잡으려 애쓸 이유가 어디 있습니까? 가능한 한 최선의 세계를 만들기 위해 애쓸 이유가 없겠지요? 먹고 마시죠, 오늘 모든 것이 올바르게 돌아가고 있으니 내일도 그렇게 될 것이니까요.

그러나 우주 과정의 필연적인 수반물인 악의 실재성에 대해 스스로 눈을 감아버리는 스토아학파의 시도는, 선의 실재성을 시야에서 배제하는 인도 철학자의 시도에 비해 성공을 거두지는 못했습니다. 불행하게도, 악에 대해 눈을 감는 것보다 선에 대해 눈을 감는 것이 훨씬 쉬운 일입니다. 고통과 슬픔

이 우리의 문을 두드리는 소리가 즐거움과 행복이 두드리는 소리보다 더 높으며, 그들의 묵직한 발자국은 쉽게 제거되지 않습니다. 실제 생활의 냉혹한 현실 앞에서 낙관주의의 즐거운 허구는 사라지고 맙니다. 이것이 모든 가능한 세계 가운데 최고의 세계라고 하더라도, 이상적 현자에게 이러한 세계는 여전히 불편한 거주지로 여겨질 것입니다.

인간의 완전한 의무에 관한 스토아학파의 개요인 '자연에 따라 생활하라'는, 우주 과정이 인간 행위의 모범이라는 점을 뜻하는 듯합니다. 이렇게 되면 윤리학은 응용된 자연사로 변하고 말 것입니다. 실제로 그 격언을 혼란스럽게 사용하여 이러한 의미에서 후세에 헤아릴 수 없는 손실을 끼치고 있습니다. 그러한 주장은 사이비철학자들의 철학과 감상주의자의 도덕설교를 위한 이론적 기반을 제공하고 있습니다. 그러나 스토아학파의 근저에는 고상하고도 건전한 인간이 자리하고 있습니다. 만일 잘못 사용된 이 구절을 통해 그들이 진정으로 의도했던 바를 자세히 살펴본다면, 그로부터 추론된 유해한 결론들이 결코 정당화될 수 없다는 사실을 발견하게 될 것입니다.

스토아학파의 언어에 있어서 'Nature'는 다양한 의미를 지니는 개념인데, 그중 우주의 '자연'과 인간의 '본성'이라는 의미가 있습니다. 후자의 의미에서, 동물의 '본성'은 인간이 우주의 일부 생물과 공유하는 특성으로 고등한 '본성'과 구별되는 것입니다. 이 고등한 본성 안에서도 상이한 등급이 있습니다. 논리력은 어떠한 목적을 설명할 때 의지할 수 있는 수단입니다. 열정과 정감은 저등한 본성과 긴밀히 연계되어 있어서 정상이라기보다는 병적인 현상이라고 생각될 수 있습니다. 인간의 필수적 본성을 구성하는 지고무상의 능력은, 후세 철학의 언어로 말하자면 순수이성이라 불리는 개념을 통해 가장 근접하게 표현할 수 있을 것입니다. 최고선의 이상을 지지하고 자신의 명령에 의지가 절대적으로 복종하도록 요구하는 능력이 바로 이 본성입니다. 또 모든 인간에게 서로 사랑하고, 악을 선으로 갚으며, 서로를 위대한 국가의 동료 시민으로 간주하도록 명령하는 능력이 바로 이 본성입니다. 실제로 완전한 문명국가 혹은 사회로 진보하는 일이 이러한 명령에 대한 구성원들의 복종에 의지하고 있다는 점을 고려하여, 스토아학파는 때때로 순수이성을 '정치적' 본성이라고 부르기도 합니다. 불행하게도 이 형용사의 의미가 매우 많은 변형을 거쳐서, 공공선을 위해 자신을 희생하라는 명령을 적용하는 일이 이제는 거의 우스꽝스럽게 들릴 것입니다.[15]

그러나 진화론은 이러한 윤리관에서 어떤 역할을 수행하는 것일까요? 내가 알 수 있는 한, 스토아학파의 윤리 체계는 본질적으로 직관적이며 후세의 도덕주의자들처럼 도덕의 지상명령을 강력하게 숭배합니다. 그래서 그들이 한편으로 특수 창세 이론을, 다른 한편으로 현존 질서의 영원한 존재 이론과 같은 상이한 이론을 지지하더라도, 자신의 이론을 본래대로 유지할 수 있었던 것입니다.[16] 스토아학파가 보기에 우주는 미덕의 교사로 간주될 때만 양심에 대해 중요성을 지니게 됩니다. 철학자들의 이런 완강한 낙관주의는 철학자 자신을 사실의 진상으로부터 멀어지게 했습니다. 이로 인해 그들은 우주의 본성이 미덕의 학교가 아니라 윤리적 본성과 대립하는 적의 사령부라는 점을 이해하지 못하게 되었습니다. 그들에게 우주가 인간의 저등한 본성을 통해 작동하며 그 목적이 정의를 위한 것이 아니라 오히려 정의와 대립한다는 점을 믿게 하는 데는 사실의 논리가 필요했습니다. 그리고 마침내 그들이 이상적으로 생각하는 "현자"의 존재가 사물의 본성과 모순되며, 또 그 이상에 상당히 접근하는 것조차 세상에 대한 욕망을 포기하고, 정욕과 아울러 인간의 모든 정감을 억제하는 대가를 지불해야 비로소 도달할 수 있다는 점을 자인하게 만들었습니다. 이렇게 완정한 상태를 '평정심'[17]이라고 하는데, 그 상태에서는 여전히 욕망을 느낄 수 있다 하더라도 의지를 움직일 만한 힘이 없으며, 순수이성의 명령을 실행하는 단 하나의 기능만으로 축소됩니다. 심지어 이렇게 흔적만 남은 활동성의 잔여물도 영혼이 충만한 신성세계에서 유출되어 일시적으로 빌려온 것으로 간주됩니다. 이것들은 죽음을 통해 무소부재한 로고스의 본원으로 되돌아갈 때까지 육체에 속박되어 있는 불만스런 상태로 존재합니다.

나는 평정심과 열반 사이에 매우 커다란 차이를 발견하기는 어렵다고 생각합니다. 다만 스토아학파의 사상이 브라만과 아트만에 상당하는 영원한 실체를 가정하는 한에서 고타마의 가르침보다는 불교 이전의 철학에 찬성하고 있으며, 또 스토아학파의 실천에서 완전성을 추구하는 방법으로 고등 생활을 위한 절대적인 환경을 조성하는 것보다 시닉학파의 고행 생활을 채택하는 것이 더 유익하다고 인식한 점이 다를 뿐입니다.

이렇게 양 극단의 사상이 접촉하게 되었습니다. 그리스 사상과 인도 사상은 양자의 공통적인 기반에서 출발하여 갈래가 크게 나누어지고, 매우 상이한 물질적, 도덕적 조건하에서 발전하다가 결국 실천상에서 동일한 목표로 귀결하게 된 것입니다.

베다(Veda)[32]와 호머[33]의 서사시는 즐겁게 투쟁하는 사람들로 가득한 풍요롭고 활기찬 세계를 우리 앞에 전개하고 있습니다. 그들은 "영원히 즐겁게 맞이하리라, 천둥과 태양을…" 같은 노래를 부르며, 피가 끓어오를 때 신들과 과감히 맞설 준비가 되어 있었습니다. 하지만 몇 세기가 지나고 문명의 영향을 받으면서 이들의 후손들은 '사상이 창백해진 병든 모습'이 되어, 진솔한 비관주의자 혹은 기껏해야 가장된 낙관주의자에 불과해졌습니다. 호전적인 사람들의 용기는 여전히 옛날처럼, 어쩌면 옛날보다 더 엄격하게 시험을 받았을 수 있지만, 그들이 싸우고자 하는 적은 바로 자기 자신이 되었습니다. 옛 영웅은 이제 승려로 변하였습니다. 활동적인 사람은 정적주의자로 대체되었으며, 그들의 최고 열망은 신성(神聖) 이성의 수동적 도구가 되는 것이었습니다. 인도 갠지스 강 유역의 사람들과 마찬가지로, 이탈리아 테베레[34] 강 인근 사람들도 우주는 자신들이 상대하기에는 너무 강력한 존재라는 점을

---

32) 고어체 산스크리트로 씌어졌으며 이란 지역에서 인도로 들어온 인도유럽어족 사이에서 유행한 성스러운 찬가 또는 시

33) 고대 그리스의 시인으로 유럽 문학의 최고 서사시 「일리아드」와 「오디세이」의 작자로 알려져 있다.

34) 이탈리아 중부를 흐르는 강. 아펜니노 산맥에서 시작하여 남쪽의 로마를 지나 지중해로 흘러든다.

승인하게 되었습니다. 그리고 고행을 통해 우주에 묶여 있는 자신의 모든 속박을 파괴하고 완전한 해탈 속에서 구원을 찾으려고 했습니다.[18]

현대 사상은 인도와 그리스 철학이 개척한 기반 위에서 새로운 출발을 하고 있습니다. 그리고 인류 정신이 2천 6백 년 전과 매우 유사해진 상황에서, 옛길을 따라 동일한 결과에 도달하는 추세의 징후가 나타나더라도 놀랄 만한 하등의 이유가 없을 것입니다.

우리는 현대의 비관주의에 관해 적어도 이론상으로는 매우 친숙해져 있습니다. 하지만 요즘 비관주의를 신봉하는 사람 가운데 누더기 옷을 걸치고 동냥 사발을 들고 다니는 탁발승이나 천 조각을 두르고 바랑을 짊어지고 다니는 시닉학파처럼, 자신의 신념을 확실하게 보여주는 이들을 본 적이 없습니다. 철학적이지 않은 경찰이 완고한 유랑의 길 위에 설치한 장애물 역시 철학적 일관성을 유지하려는 이들에게는 매우 위협적이라는 점이 드러나고 있습니다. 우리는 또한 현대의 사변적인 낙관주의가 종의 완전성, 평화에 의한 세계 통치 그리고 양으로 변한 사자 등에 관해 이야기하고 있다는 사실을 알고 있습니다. 그러나 지금 사람들은 40년 전보다 그러한 이야기를 들을 기회가 줄어들고 있습니다. 실제로 그러한 이야기들은 현명한 사람들의 모임보다 건강하고 부유한 자들의 식탁에서 더 일상적으로 접할 수 있으리라 여겨집니다. 나는 우리들 가운데 대다수는 비관주의와 낙관주의 모두 믿지 않는다고 생각합니다. 우리는 세상이 그렇게 선하지도 않고 그렇게 나쁘지도 않다고 여깁니다. 아마도 세상은 그러한 곳일 수도 있고, 또 우리들 대부분은 종종 세상이 실제로 그렇게 될 수 있다고 생각하는 이유를 가지고 있습니다. 삶을 살 만한 것으로 만드는 즐거움을 전혀 느껴보지 못한 사람은, 아마도 삶의 재미를 빼앗겨 삶의 가장 풍요로운 열매가 잿더미로 전락하는 고통을 전혀 모르는 사람만큼이나 소수일 것입니다.

나아가 철학과 종교 문제에 대한 시각이 아무리 다양하다 하더라도, 대부분의 사람들은 생활 속 선악의 비율이 인간 자신의 행동에 의해 크게 영향을 받을 수 있다는 점에 동의할 것입니다. 나는 어떤 사람이 자신의 행동에 따라 악이 증감할 수 있다는 점을 의심하는 경우를 들어본 적이 없습니다. 마찬가지로 선도 이렇게 증감할 수 있다는 결론을 내릴 수 있을 것입니다. 마지막으로, 우리가 사물을 개선하는 힘을 가지고 있는 이상, 그것을 사용하여 인류를 위한 최상의 서비스를 하도록 우리의 모든 지능과 에너지를 배양하는 일이 우리의 최고의 의무라는 사실을 회의하는 사람은 내가 아는 한 아무도 없습니다.

이 때문에 사람들이 절박하게 관심을 가지는 문제가, 자연 지식의 최근의 진보 특히 진화론의 진보가 가져온 총체적 결과가 상호 협력이라는 위대한 사업에 얼마나 도움을 줄 수 있는가의 문제입니다.

이른바 "진화의 윤리"를 제창하는 사람들은 종종 '윤리의 진화'가 그들의 이론을 더 잘 표현할 수 있다고 생각합니다. 그리고 그들은 다소 흥미로운 사실과 건전한 논쟁을 제기하며, 도덕 감정의 기원이 다른 자연 현상과 마찬가지로 진화의 작용에 의한 것이라는 점을 지지합니다. 나는 개인적으로 그들의 견해가 올바르다는 것을 의심하지 않습니다. 하지만 비도덕적 감정 역시 도덕 감정과 마찬가지로 진화하고 있기 때문에, 내내 도덕 감정만큼 자연의 제재를 받아왔습니다. 도둑과 암살자가 진화의 산물인 것은 자선가가 진화의 산물인 것과 같습니다. 우주 진화는 인간의 선악의 경향성이 어떻게 생겨난 것인지를 가르쳐줄 수 있습니다. 그러나 우주의 진화 자체가 우리에게 이전보다 더 선해져야 하는 이유를 제시하여 선이 악보다 바람직한 것이라는 점을 설명해주지는 않습니다. 나는 앞으로 우리가 심미능력의 진화에 관해 이해할 수 있을 것이라는 점을 의심하지 않습니다. 그러나 세계에 대한 지식이 증가한다고 해서 아름다움과 추함을 판단하는 직관력 자체를 증감시키지는 못할 것입니다.

나는 이른바 "진화의 윤리" 속에 또 다른 오류가 퍼져 있다고 생각합니다. 그 오류는 바로, 전체적으로 볼 때 동물과 식물이 생존경쟁과 그 결과로서 최적자가 생존하는 방식을 통해 조직의 완정성이 진전되고 있기 때문에, 윤리적 존재로서 사회 속의 인간도 자연과 동일한 과정을 통해 완전성을 이루는 데 도움이 될 것이라고 기대하는 시각입니다. 나는 이러한 오류가 불행하게도 '최적의 생존자' 란 표현의 모호성에서 비롯되었다고 생각합니다. '최적' 은 '제일 좋은' 의 의미를 함축하고 있고, '제일 좋은' 은 도덕적 색채를 지니고 있습니다. 그렇지만 우주 자연에서 '최적' 이라고 하는 것은 각종 조건에 의지하고 있습니다. 오래전부터[19] 나는 다음과 같은 문제를 과감하게 지적했습니다. 즉 지구의 반구가 다시 추워지기 시작한다면, 식물계에서 최적의 생존자가 갈수록 왜소하고 저등한 군체로 변화되어, 이끼, 규조 및 적설(赤雪)을 붉게 만드는 미생물만이 최적의 생존자로 남을 때까지 진행될 것입니다. 또 반대로 날씨가 더워지기 시작한다면 템즈 강과 아이서스 강의 쾌적한 유역에는 열대 정글 속에서 번성하는 생물을 제외하고는 정착하기 힘들 것입니다. 그들은 변화된 조건에 가장 잘 적응하는 최적자로서 생존해나갈 것입니다.

사회 속의 인간들 역시 우주 과정의 지배를 받습니다. 다른 동물들처럼 끊임없이 번식을 진행하고 생존자원을 차지하기 위해 격렬한 경쟁을 벌입니다. 생존경쟁은 생존 환경에 잘 적응하지 못하는 자들을 도태시킵니다. 자기주장이 가장 센 최강자는 최약자를 짓밟아버립니다. 그러나 사회 진화에 끼치는 우주 과정의 영향력이 클수록 그 문명은 더욱 원시적 상태에 머물게 됩니다. 사회 진보는 매 단계마다 존재하는 우주 과정을 억제하여 이른바 윤리 과정으로 대체하는 것을 의미합니다. 윤리 과정의 목표는 주어진 환경에 가장 잘 적응하는 사람들이 아니라 윤리적으로 가장 훌륭한 사람들의 생존입니다.[20]

내가 이미 주장했듯이, 윤리적으로 가장 훌륭한 덕목—이른바 선이나 미덕—의 실천은 우주적 생존경쟁의 성공을 이끄는 요인과 모든 측면에서 대항하는 행위 과정을 포괄합니다. 그 실천은 무자비한 자기주장을 대신하여 자기억제를 요구하고, 모든 경쟁자를 밀어내거나 짓밟는 대신에 개개인이 자신의 동료를 존중하고 도와줄 것을 요청합니다. 또 그 영향으로 최적자만이 생존하는 것이 아니라 가능한 많은 사람들이 생존에 적응하는 일을 목적으로 하고 있습니다. 윤리적 실천은 검

투사적인 생존이론을 부정합니다. 사회적 이익을 향유하는 자는 누구나 그것을 수고스럽게 창조한 사람들에게 감사의 마음을 간직할 것과, 자신의 행동이 자신의 생존을 허용한 정치체제를 약화시키지 않도록 주의할 것을 요구합니다. 법과 도덕 교훈은 우주 과정을 억제하고, 공동체에 대한 개개인의 책임을 환기시키는 일을 목표하고 있습니다. 각 개인의 생존 자체가 공동체에 달려 있지 않다 하더라도, 공동체의 보호와 영향 덕분에 적어도 야만인보다 양호한 생활을 향유할 수 있는 것입니다.

우리 시대의 광신적(fanatical) 개인주의[21]가 우주 자연의 과정을 인간사회의 과정에 대입시키려고 하는 것은 이러한 명백한 사실을 경시하기 때문입니다. 우리는 자연을 따르라는 스토아학파의 교지를 또다시 잘못 적용하고 있습니다. 국가에 대한 개인의 의무를 망각하고, 자기주장의 경향성을 권리라는 이름으로 존엄하게 만들고 있습니다. 사회의 구성원들이 단합된 힘을 사용하여 구성원 개개인에게 사회 유지를 위해 헌신하게 하거나 심지어 그들이 사회를 파괴하지 못하도록 막는 일이 합당한지 여부에 대해 격렬하게 논쟁하고 있습니다. 우주 자연에서 훌륭하게 작용하고 있는 생존경쟁이 윤리 분야에서도 똑같이 유익하게 작용할 수 있을 것처럼 보입니다. 하지만 만일 내가 주장한 것이 사실이고, 우주 과정은 도덕적 목표 실현과 어떠한 관련성도 없으며, 인간이 우주 과정을 모방하는 것이 윤리학의 제1원리와 조화될 수 없다면, 이 놀라운 이론은 앞으로 어떻게 될까요?

사회의 윤리적 진보는 우주 과정을 모방하거나 더욱이 그로부터 도피하는 것이 아니라, 우주 과정과 투쟁하는 활동에 의지한다는 점을 각별히 이해해야 합니다. 소우주를 대우주와 대항하게 하고 인간이 자신의 더 높은 목표를 위해 자연을 굴복시키는 일은 대담한 제안으로 비칠 수 있습니다. 그러나 나는 앞서 살펴본 고대와 우리 시대의 중대한 지적 차이가, 이러한 기획이 일정 정도 성공을 거둘 수 있다는 희망을 이미 실현한 바 있으며, 우리 시대가 그 견실한 기반을 가지고 있는 점이라고 감히 생각해봅니다.

문명의 역사는 인간이 우주 안에 인공 세계를 성공적으로 건립한 과정을 자세히 서술하고 있습니다. 인간은 연약한 갈대일 수 있지만 파스칼이 말한 것처럼 인간은 생각하는 갈대입니다.[22] 인간 안에는 지적으로 작동하는 풍부한 에너지가 있습니다. 이것은 우주에 충만한 에너지와 매우 유사하여 우주 과정에 영향을 끼치거나 변형을 가할 수 있습니다. 이러한 지능 덕분에 난쟁이가 거인을 자신의 의지 아래로 굴복시킬 수 있는 것입니다. 모든 가족과, 이미 건립된 모든 정치체제에서 인간 내부에 있는 우주 과정은 억제를 받거나 그렇지 않으면 법과 관습에 의해 변형되었습니다. 또 주위의 자연은 목동, 농민, 장인의 기술에 의해 마찬가지로 영향을 받았습니다. 문명이 진보함에 따라 이러한 간섭의 범위도 넓어졌으며, 최근의 조직회되고 고도로 발전한 과학 기술은 인간에게 비인간적 자연 과정을 지배하는 권한을 과거 마술사에게 귀속되었던 것보다 더 많이 부여하는 상황에까지 이르렀습니다. 놀라운 이야기일 수 있지만, 이러한 변화 가운데 가장 인상적인 일들이 최근 2세기 동안 일어났습니다. 하지만 생명 과정 및 그 표출형태에 영향을 끼치는 방법에 대한 정확한 이해는 이제 겨우 시작되었을 따름입니다. 우리는 아직 일반적인 생각을 벗어나 앞으로 가야 할 우리의 길을 찾지 못하고 있으며, 잘못된 유비와 거친 예견에 강요되어 안개 속에 빠져 있는 상태입니다. 그러나 천문학, 물리학, 화학은 인류의 사업에서 그들의 영향력이 중요한 요소가 되는 단계에 이르기까지, 모두 유사한 과정을 거쳐야 했습니다. 생리학, 심리학, 윤리학, 정치학도 동일한 시련을 감내해야 합니다. 하지만 멀지 않은 장래에 그것들이 실천 영역에서 위대한 혁명을 수행할 것이라는 점을 의심할 이유는 없다고 생각합니다.

진화론은 천년 왕국의 도래를 기대하지 않습니다. 수백 만 년 동안 우리 지구는 상승의 길을 달리고 있지만 언젠가 그 정점에 도달하면 하향의 길이 시작될 것입니다. 가장 대담한 상상도 인간의 힘과 지능이 대년(Great year)의 운행을 영원히 저지할 수 있다고 주장하기는 힘들 것입니다.

게다가, 우리와 함께 태어나 우리의 생존에 매우 필수적인 우주 자연은 수백 만 년 동안 냉혹하게 단련된 산물입니다. 몇 세기만에 우주 자연의 방종한 힘을 순수한 윤리적 목표를 위해 억제할 수 있을 거라고 생각하는 것은 어리석은 일일 것입니다. 세계가 지속되는 한 윤리적 본성은 집요하고 강력한 적과 부딪쳐야 할 것으로 예측됩니다. 그러나 다른 한편으로 지능과 의지가 건전한 연구 원리에 의해 지도되고 공동의 노력을 통해 조직된다면, 지금 역사가 지나온 것보다 더 오랜 기간 동안 생존 조건을 변화시킬 수 있으며, 그 한계가 어디까지인지 알 수 없을 것입니다. 또한 많은 일들이 인간 자신의 본성을 변화시키기 위해 행해질 수 있습니다.[23] 늑대의 형제(개)를 양 떼의 충실한 보호자로 변화시킨 지능을 활용하여 문명화된 인간 속의 야만적 본능을 억제하는 어떠한 일을 할 수 있어야 합니다.

그러나 만일 정밀한 지식이 결여되어 있던 2천여 년 전에

생존 문제에 직면한 사람들보다 세계의 중대한 악을 제거할
수 있는 더 큰 희망을 품을 수 있으려면, 희망의 필수적인 현실
조건으로 고통과 근심에서 해탈하는 일이 삶의 적합한 목표라
는 관념을 버려야 한다고 생각합니다.

우리는 오래전에 인류의 영웅적 유년시기를 지나왔습니다.
그때는 선이든 악이든 똑같이 '열정적으로 환호하며' 이에 맞
서나갔습니다. 그러나 인도인과 그리스인 모두 악을 피하려
들면서 결국 삶의 전장을 떠나 도피하고 말았습니다. 이 때문
에 우리에게는 유년 시절의 유치한 과신과 아울러 유치한 낙
담을 던져버리는 일이 남겨져 있습니다. 우리는 성인으로서
성인의 본분을 다해야 합니다.

강한 의지로
분투하고 탐색하고 발견하고 결코 굴복하지 않으리라.

우리의 길 위에 놓인 선을 소중히 여기고, 우리 내부와 주위
에 있는 악을 견디며 단호하게 그것을 제거해나가야 합니다.
이제 우리는 모두 하나의 신념을 가지고 하나의 희망을 향해
분투해야 합니다.[24]

소용돌이가 우리를 집어삼킬 수도 있고

우리를 행복의 섬으로 인도할 수도 있습니다.

……그러나 종점에 다다르기 전에 아직 남아 있는 일이 있는데

바로 고귀한 임무를 완성해야 한다는 것입니다.[35]

---

35) 이 시는 영국 빅토리아 시대의 시인 테니슨(A. L. Tennyson, 1809~1992)의 대표작 「율리시스」의 일부분이다.

주

1. 나는 생물이 표출하는 순환 진화의 '출현' 에 관해 줄곧 조심스럽게 이야기해왔다. 왜냐하면 비판석 조사를 통해, 식물과 동물의 생명과정은 그 자신에게로 돌아가는 순환도를 통해 정확하게 설명될 수 없다는 점이 발견될 것이기 때문이다. 최하등 생물을 제외한 모든 생물에서 실제로 발생하는 상황은 다음과 같다. 성장하는 배아의 한 부분 A는 조직과 기관을 만들지만, 다른 한 부분 B는 본래 상태를 유지하거나 혹은 약간 변형될 뿐이다. 배아의 절반인 A부분은 성년의 신체가 되어 조만간 사망하지만, 다른 절반인 B부분은 분리되어 생물의 생명을 지속시키는 후대의 기점이 된다. 그래서 최초의 조상에서 시작되는 계통의 직계를 따라 한 생물을 추적해보면, 대체로 B는 사망한 적이 없다. 다만 그 일부가 사라지거나 후대의 개체 속에서 사망되었을 뿐이다.

모두들 딸기식물의 '흡입관' 이 활동하는 방식을 잘 알고 있을 것이다. 동떨어져 있는 산 조직의 얇은 원통은 상당한 길이에 도달할 때까지 끊임없이 성장한다. 일정한 간격마다 원통에 싹이 돋아나 딸기식물로 성장하고, 딸기식물은 자신과 연결되어 있는 흡입관이 사망함에 따라 독립적으로 생존하게 된다. 그러나 나머지 흡입관은 살아남아 무한하게 자랄 수 있으며, 우호적인 환경이 유지될 경우 사망해야 할 뚜렷한 이유가 없다. 살아 있는 물질 B는 일정 정도 흡입관의 생존을 보증해준다. 만일 우리가 계통 직계 속의 모든 개체 식물들이 지니고 있는 B를 예전처럼 지속적으로 활동하게 해줄 수 있다면, B는 흡입관을 만들어 그 위에서 개체 식물들이 한 줄기로 자라게 함으로써, 흡입관 전체가 사망하는 일은 결코 생기지 않을 것이다.

B에 내재된 발생 잠재력이 변하지 않고, 또 딸기식물 흡입관의 싹이 전형적인 딸기식물로 자라는 추세가 있는 한, 종은 변하지 않고 유지된다. 종의 진보적 진화 과정에서 B의 발생 잠재력은 갈수록 고등한 등급으로 나아간다. 퇴보적 진화 과정에서는 그 반대의 상황이 나타날 것이다. 격세유전 현상은 퇴보적 진화, 즉 종이 초기의 어떠한 형태로 회귀하는 일이, 숙고되어야 할 하나의 가능성이라는 점을 보여주는 듯하다. 그러나 기생생물 부류에서 흔히 보이는 구조의 단순화는 이러한 특성에 속하는 것이 아니다. 사지가 없고 벌레 모양의 레르나이아(Lernaea)는 사지가 많고 활동적인 같은 부류 동물들의 어떠한 발전단계와도 아무런 유사성이 없다.

2. 헤라클레이토스는 사람은 같은 강물에 두 번 들어갈 수 없다고 말한다. 그러나 더 정확히 말하자면, 그 속의 물이 변하더라도 강물은 여전히 변함이 없는데, 마치 신체의 전 구성물이 끊임없이 바뀌더라도 인간은 자신의 정체성을 유지하는 것과 같다.

이 문제에 대해서는 세네카가 매우 잘 설명하고 있다. "우리의 신체는 흐르는 물처럼 급속하게 변하며, 당신이 본 모든 것도 같은 시간에 함께 변하고 있다. 우리가 본 것은 고정불변한 것이 없다. 내가 이 사물이 변한다고 말할 때 바로 나 자신도 이미 변하고 있다. 이것이 바로 헤라클레이토스가 말한 '사람은 같은 강물에 두 번 들어갈 수 없다'는 것이다. 왜냐하면 강물은 여전히 동일한 이름이지만 물은 바뀌었기 때문이다. 비록 이러한 상황이 인체보다 강물에서 더욱 분명하게 나타나지만, 우리가 경험한 속도 변화도 결코 느리지 않은 것이다."(세네카, 루코프 편, 『서신집』 제57호, 20쪽)

3. "우리의 많은 행복은 우리를 불행하게 만든다. 왜냐하면 기억을 통해 공포의 고통을 떠올리고, 예견을 통해 공포의 고통을 짐작할 수 있기 때문이다. 현재에서만 고통을 느끼는 사람은 아무도 없다."(세네카, 같은 책, 제5호, 7쪽)

로마의 베이컨이라 불리는 세네카는 현명하고도 중요한 격언을 많이 남겼는데 그 가운데 "우리의 많은 행복은 우리를 불행하게 만든다"는 구절만큼 인생의 진실을 깊이 있게 들려주는 말이 없다. 만일 나쁜 사물 속에 선한 영혼이 있다고 한다면, 적어도 선한 사물 속에 나쁜 영혼이 있다고 똑같이 말할 수 있을 것이다. 왜냐하면 사물도 인간처럼 "자신의 성질상의 결함"을 가지고 있기 때문이다. 인간이 경험을 통해 마지막으로 배울 수 있는, 그러나 그 중요성이 결코 떨어지지 않는 교훈 가운데 하나가 있는데, 모든 형태의 성공에는 무거운 세금이 부가되며, 실패는 축복이 가장 일상적으로 취하는 변장 가운데 하나라는 사실이다.

4. "모든 사람의 신체 속에는 영혼이 있는데, 신체가 사망하면 새장 속을 나온 새처럼 그곳에서 날아가 새로운 생명 속으로 들어간다. …… 천당이나 지옥 아니면 여기 지구 위의 어떠한 생명 속으로. 유일한 예외는 드문 경우이기는 하지만 금생에서 신에 관한 진실한 지식을 얻은 사람이다. 불교 이전의 이론에 따르면, 이 사람의 영혼은 뭇 신들이 하느님에게 가는 길을 따라 전진할 수 있으며, 하느님과 일체가 되면 소멸되지 않는 생명 속으로 들어간다. 이러한 생명 속에서 그의 개성은 소멸되지 않는다. 이후의 이론에 따르면, 그의 영혼이 직접 대영혼(Great Soul) 속으로 빨려 들어가 그 안에서 소멸되면, 더 이상 어떠한 독립적인 존재도 남지 않는다. 그 외의 다른 모든 사람들의 영혼은 신체가 사망한 후, 어떠한 하나의 방식을 통해 새로운 존재로 태어난다. 만일 천당이나 지옥에서 영혼이 신체에 들어가지 않고 스스로 신 혹은 악마가 된다면, 위대한 신들을 제외한 이 모든 초인적인 존재들은 영원하지 않고 그저 순간적인 산물로 간주될 것이다. 영혼이 지구로 돌아가면 새로운 신체에 들어갈 수도 그렇지 않을 수도 있다. 새로운 신체는 인간일 수도 있고 동물이나 식물일 수도 있고 심지어 단순한 물질일 수도 있다. 왜냐하면 이 모든 것들이 영혼을 소유하고 있고, 이들의 영혼과 인간의 영혼 사이에 본질적인 차이가 없기 때문이다. 모두가 하나같이 유일한 실재인 위대한 성령의 불꽃일 따름이다."(리스 데이비스, 『히버트 강연』, 83쪽, 1881)

내가 인도철학에 관해서 강연했던 내용은, 리스 데이비스가 저명한 『히버트 강연』(1881)과 『불교』(1890)에서 원시 불교와 초기 힌두 사상의 관련성에 대해 명쾌하게 해설한 부분에 특히 빛을 지고 있다. 주석에서 그의 글을 자유롭게 인용한 데 대해 내가 할 수 있는 유일한 해명은 고마운 마음을 확실하게 드러내는 일이다. 또 올든버그 박사의 『부처』(제2판, 1890)에서도 많은 도움을 받았다. 위의 인용문에서 말한 윤회이론의 기원은 아직 해결되지 않은 문제이다. 이것이 이집트의 영혼윤회학설과 확연히 다르다는 점은 분명하다. 사실, 사람들이 종종 이생의 유령을 내세 속에 거주시키기 때문에, 이집트의 학설은 인도의 학설이 더 오래된 신앙이라는 점을 전제하고 있는 듯하다.

리스 데이비스 교수는 윤회이론의 윤리적 중요성을 강력하게 주장하였다. "현재 우리들 사이에서 제기된 최신의 주장 가운데 하나가 개개인의 성격이나 심지어 그의 생명의 외부조건을 그의 조상으로부터 유전된 성격을 통해 설명하려는 논리이다. 이러한 성격은 과거의 조상들이 실제로 끊임없이 연속되는 과정에서 점차 형성된 것으로, 오직 자신이 태어난 조건—마찬가지로 이러한 조건 역시 과거의 원인들이 실제로 끊임없이 연속되는 과정의 최근 결과—에 의해서만 변화된다. 고타마의 주장도 똑같은 논리로 설명될 수 있다. 그러나 고타마는 근대이론의 대표자들이 채택한 것과는 다른 방식으로 이 낯선 문제를 설명하려고 한다. 이것은 또한 「욥기」 속의 이상한 이야기가 설명하려는 문제이기도 한데, 바로 이 세상에 실제적으로 배분되는 행운과 고통은 인간이 선과 악이라고 부르는 도덕 품성과 '완전히' 무관하다는 사실이다. 자신의 모든 이론체계를 본질적으로 윤리적 개혁을 위해 정립한 고타마가 이 명백한 불공정에 대해 설명해야 할 책임감을 느꼈다는 것은 이상한 일이 아니다. 그리고 더욱이 그가 계승한 신앙인 영혼윤회이론은 그것을 수용할 수 있는 누구에게나 충분한 해답을 제공해주었다."(『히버트 강연』, 93쪽) 나는 앞의 구절에서 '완전히'를 '대부분'으로 대체해야 한다고 과감히 주장하는 바이다. 배가 순탄하게 항해하거나 혹은 험난하게 항해하는 것은 대부분 선장의 지휘와 무관하며, 그 지휘 여부에 따라 항해의 상황만이 대부분 변화될 따름이다. 허리케인 앞에서 무기력할지라도 그는 많은 험난한 폭풍을 헤쳐 나갈 수 있다.

5. 각각의 신생자에 있어서 영혼의 외적인 조건은 전생의 행위에 의해 결정된다. 그러나 이것은 선과 악의 청산 결과에 따른 균형이 아니라 연속되는 각각의 행위에 의해 결정되는 것이다. 한 차례 욕설을 한 적이 있는 착한 사람은 선행의 결과로 십만 년 동안 신으로 지낼 수 있지만, 선행의 효력이 소멸되면 그의 죄 때문에 벙어리로 태어날 수 있다. 그리고 한 차례 자비를 베푼 적이 있는 도둑은 그 선행의 결과로 왕으로 태어날 수 있지만, 그러고 난 후 그의 악행의 결과로 지옥에서 오랫동안 고초를 겪거나 혹은 신체가 없는 귀신이 되거나 아니면 노예나 부랑자로 여러 차례 다시 태어날 수 있다.

"이 이론에 따르면 어떠한 행동의 결과로부터 도피할 길이 없다.

이것이 비록 각각의 영혼이 감수해야 하는 자기 행동의 결과일 뿐이
지만 말이다. 그 힘은 스스로 작동하고 있는 것이며, 결코 이를 정지
시키거나 그 결과에 대해 예언할 수가 없다. 나쁜 결과가 이미 완료
된 원인에 의존하기 때문에 바꿀 수도 없고 막을 수도 없다면, 이는
영혼이 영원히 제어할 수 없는 일이다. 심지어 지속적인 의식도 없
고, 영혼에게 자신의 운명을 알도록 안내해줄 수 있는 과거에 대한
기억도 없다. 영혼에게 열려 있는 유일한 이점은 이생에서 선행의 총
합을 증가시키는 일인데, 이러한 선행이 나머지 선행과 어우러지면
좋은 결실을 맺을 수 있다. 그리고 이러한 상황도 현세와 본질적으로
동일한 조건을 지니는 내세에서만 일어날 수 있다. 현세처럼 늙고 쇠
약해져 사망해야 하고 또 현세처럼 실수, 무지 혹은 죄를 범할 기회
를 제공하여 그로 인한 응당한 결과로서 병, 무능 혹은 고통을 불가
피하게 조성해야 한다. 윤회의 거대한 바다에서 영혼은 이렇게 한 생
에서 다음 생으로, 한 물결에서 다음 물결로 옮겨간다. 그리고 살아
있는 동안 위대한 성령에 대한 올바른 지식을 얻어 불멸의 상태로 들
어가거나 혹은 최근의 철학자들이 얘기하는 신성한 본질 속으로 흡
수되는 극소수의 사람을 제외하고 이것을 피할 길은 없다."(리스 데
이비스, 『히버트 강연』, 85-86쪽)

인도철학자들에 의해 이렇게 상상된 사후 세계는 로마 교회에서
말하는 연옥과 어떠한 유사성을 지니고 있다. 다만 그것을 피할 수
있는 방법은 달라, 천주교에서는 성직자 혹은 성직자의 중재를 통해
신의 칙령을 바꿀 수 있다고 여기는 데 반해, 인도철학에서는 개인

스스로의 행위를 통해 벗어날 수 있다고 생각한다. 또 천주교에서는 선한 교도나 타인이 잘 기도해준 교도는 천국의 극락을 궁극적으로 누릴 수 있다고 공개적으로 확신하는 데 반해, 인도교도들에게는 누구나 신과의 일체감이나 열반에 도달할 수 있는 기회가 매우 적다.

6. "당시 유행하던 윤회이론 가운데 허위라고 증명할 수 없는 그 부분은 절실하게 느낀 필요성에 적응한 것이고, 이생에서 누리는 행복과 불행의 불공평한 분배—이것은 인간의 현재적 성격과 매우 모순적이다—를 설명할 수 있는 도덕적 원인을 제공한 것처럼 보인다." 그래서 고타마는 "여전히 인간의 전생에 대해 말하고 있지만 결코 일반적으로 알려진 방식으로 얘기하지는 않았다". 그가 가르친 것은 바로 "성격의 윤회"였다. 그는 인간이든 아니든 어떠한 존재의 사후에는 그 존재의 카르마, 즉 그 자신의 정신적, 육체적 행위의 결과만이 남는다고 주장했다. 인간이든 신이든 모든 개체는 오랫동안 연속된 과거 개체들의 카르마를 이어받은 최후 계승자이자 최후 결과이다. 이 연속 과정은 오랫동안 지속되어 시초를 헤아릴 수 없고 그 종말도 세계의 파멸과 동시에 발생할 것이다.(리스 데이비스, 『히버트 강연』, 92쪽)

진화론에서 어떠한 종의 유형에 따라 성장하는 배아의 추세, 예를 들면 강낭콩의 배아가 모든 강낭콩의 특성을 지닌 식물로 성장하는 추세가 바로 자신의 카르마이다. 카르마는 생명이 지구상에 처음으로 출현했던 수백만 년 전부터 조상의 계통에 영향을 끼친 모든 조건들의 "최후 계승자이자 최후 결과"이다. 강낭콩 식물의 B 부분(주 1 참고)은 원시 식물에서부터 뻗어 나온 연속된 사슬 속의 최후 고리이다. 그것이 조성한 매 세대 종들의 모든 특성은 점진적으로 변화된 자신의 카르마의 표현들이다. 리스 데이비스 교수가 적절하게 말한 것처럼 눈꽃풀은 "눈꽃풀이지 참나무가 아니며 바로 그러한 종의 눈꽃풀일 따름이다. 왜냐하면 그것은 끊임없이 연속된 과거 조상들의 카르마의 결과이기 때문이다."(리스 데이비스, 『히비트 강연』, 114쪽)

7. "이 이론의 약점 즉 카르마의 결과가 새로운 존재에 집중된다는 가정이 초기 불교신도 자신들에게 난관으로 작용했다는 것은 흥미로운 일이다. 그들은 이것이 죽어가는 생물의 특수한 갈망〔일종의 열망, 탐(貪). 탐은 불교 이론 가운데 다른 방면에서 중요한 역할을 함〕이며, 실제로 이를 통해 전신의 카르마를 계승하는 새로운 개체가 탄생된다고 설명함으로써 부분적으로 이 난관을 회피하였다. 그러나 이것이 어떻게 발생하는지, 이 열망이 어떻게 이러한 결과를 생산하는지는 부처만이 알 수 있는 비밀로 인식되었다."(리스 데이비스, 『히버트 강연』, 95쪽)

스토아학파와 불교의 많은 유사점 가운데 이상하게 생각되는 것은 탐(생을 위한 갈망 혹은 열망)에 대해 같은 논점을 지니고 있다는 것이다. 세네카는 다음과 같이 서술하고 있다. "도덕 가치 이외에 다른 선한 것이 있다면, 우리는 생활의 탐욕(혹은 생을 탐하고 죽음을 두려워하는 욕망)을 추구하고, 생활을 위해 즐거움을 제공하는 사물을 갈구할 수 있을 것이다. 그러나 이것은 용인될 수 없는, 끝이 없고 불안정한 일이다."

8.   "불교의 뚜렷한 특징은 새로운 노선을 개척했으며, 완전히 다른 입장에서 해결해야 하는 제일 오묘한 문제들을 마주했다는 점이다. 불교는 지금까지 미신에 사로잡힌 사람과 사상가의 마음을 완전하게 장악하고 있던 위대한 영혼이론 전체를 자신의 시야 속에서 제거하였다. 세계 역사에서 최초로 불교는, 모든 인간이 현세와 이생에서 하느님이나 여러 중소 신들과 최소한의 관련도 없이, 스스로 자기 자신을 위해 해탈을 얻을 수 있다고 주장하였다. 우파니샤드처럼 불교는 지식에 최고의 중요성을 부여하였다. 그러나 이것은 더 이상 신에 관한 지식이 아니라, 그것이 가정하고 있는 사람과 사물의 진실한 본성을 명확하게 이해하는 일이었다. 그리고 지식의 필요성 이외에 순결, 예의, 정직, 평화 및 심원광대하고 무한한 박애의 필요성을 요청하였다.(리스 데이비스, 『히버트 강연』, 29쪽)

동시대의 그리스 철학도 유사한 방향을 취하고 있다. 헤라클레이토스에 따르면 우주는 신이나 인간에 의해 창조된 것이 아니라, 과거부터 영원히 지속되었고 미래에도 영원히 지속될 불멸의 불로, 적당한 범위 안에서 타오르고 소진한다.(무라크, 『헤라클레이토스 잔편』, 27쪽) 그리고 그의 계승자인 스토아학파가 '현자'의 지식과 의지라고 인정했던 그 부분은 그들의 신을 청산해야 할 세력이 아니라 (이

성적 사상가들을 위한) 찬사의 주체로 만들었다. 인도의 학설에서 '아라한' 은 (부처는 말할 것도 없이) 브라만의 상위자이며, 스토아 학파의 '현자' 는 적어도 제우스와 동등하다.

버클리는 영혼이나 정신에 대한 관념은 어떠한 것도 형성될 수 없다고 재차 단언한다. 만약 어떤 사람이 여기서 말한 진실에 대해 의심한다면, 그로 하여금 능력 혹은 능동적인 존재에 대해 어떠한 관념을 형성할 수 있는지, 또 의지와 이해의 이름으로 표현되는 서로 다른 두 가지 주요 능력에 대해 어떠한 관념을 형성할 수 있는지, 또 물질이나 존재에 대한 제3의 관념을 형성하면서 동시에 상술한 능력을 지지하거나 혹은 영혼이나 정신이라고 불리는 능력의 주체에 상응하는 개념을 지닐 수 있는지 생각해보게 하라. 어떤 사람들은 이것이 부분적으로 가능하다고 하겠지만, 내가 이해하는 한 의지, 영혼, 정신이란 말은 상이한 관념을 표상하지 않거나, 엄밀하게 말하면 어떠한 관념도 표상하지 않는다. 그것이 표상하는 것은 관념과 매우 다른 어떠한 사물이다. 그것은 하나의 동인으로, 어떠한 관념과 더불어 논할 수 있는 것이 아니고 어떠한 관념으로 표상할 수 있는 것도 아니다. [설령 우리가 영혼, 정신 그리고 소망, 사랑, 미움과 같은 심리 활동들의 의미에 대해 알거나 이해하기 때문에 그에 관한 어떠한 개념을 형성하고 있더라도 그러하다.](『인류지식원리』, 76절, 89절, 135절, 145절 참고)

아무런 관념도 형성할 수 없는 사물에 대해 '어떠한 개념' 을 가지는 것이 가능한지의 문제는 지속적으로 논의할 필요가 있다고 생각한다.

버클리는 "지각이 있는 능동적 존재의 심리, 정신, 영혼 혹은 자기 자신"에 몇 가지 속성을 부가하였다.(Ⅰ, Ⅱ부) 예를 들면 "나누어질 수 없고, 형체가 없으며, 확장될 수 없고, 타락할 수 없는" 것이라고 한다. 나누어질 수 없는 속성은 형체에 있어서는 부정적이지만 매우 긍정적인 결과를 지니고 있다. 왜냐하면 '지각이 있는 능동적 존재'가 엄격히 나누어질 수 없다면 인간의 영혼은 성령과 하나가 되어야 하기 때문이다. 이것은 선한 힌두교 신자나 스토아학파의 학설이지 결코 정통적인 기독교 철학은 아니다. 다른 한편으로, 지각이 있는 능동적 '존재'의 '실체'가 실제로 하나의 신과 무수한 인간으로 나누어진다면 어떻게 '나누어질 수 없는' 속성이 엄격하게 적용될 수 있겠는가?

인용된 단어들의 의미에 따르면 그것들은 실체에 대한 어떠한 인식 가능성을 부정하는 것에 다름 아니다. '물질'은 순전히 정신의 품속으로 용해되고, 정신은 명확하게 상상할 수도 없고 알 수도 없는 사상과 능력의 실재 속으로 용해된다. 이로 인해 현상의 흐름 이외에 우주의 어떠한 존재도 순수하게 가정된 관념이다. 실제로 절대적 회의론자들은 다음과 같은 반박을 제기할 수 있다. '존재'가 '지각되는 것'이라면, 정신 자체는 '자아' 안에 실체화된 지각 혹은 다른 어떠한 정신에 대한 지각으로서만 존재할 수 있다. 전자의 경우에는 객관적 실재가 사라지고, 후자의 경우에는 서로가 서로를 지각하는 정신들의 고유한 연속과정이 필요할 듯하다.

이상하게도 어떤 때는 버클리의 표현법이 스토아학파에 아주 가깝게 접근하고 있다. 예를 들면, "신을 볼 수 없다는 것은 생각이 없는 군중들의 일반적인 핑계처럼 보인다. …… 그러나 슬프게도 우리는 오로지 눈을 뜨고 우리의 동료들 가운데 누군가를 볼 때보다 더 완전하고 명확하게 만물의 주재자를 보아야 한다. …… 우리는 모든 시간과 공간에서 신의 명백한 표상을 지각해야 한다. 우리가 보고 듣고 느끼거나 혹은 감관을 통해 어떤 방식으로든 지각되는 모든 것들은 신의 능력의 표시이자 결과이다."……(148절) "그래서 최소한의 사고력이 있는 어떠한 사람들에게는 신의 존재 혹은 우리 마음속에 친근하게 있는 정신보다 더 명확한 것은 없다. 정신은 마음속에서 우리에게 영향을 끼치는 모든 다양한 관념과 감각을 형성하고, 우리는 그에 대해 절대적이고 완전하게 의존한다. 간단히 말하면 우리는 그 안에서 살고 움직이며 존재한다는 것이다."(149절) "그러나 당신은 다음과 같은 의문을 던질 수 있다. 자연은 자연적인 사물의 조성에 아무런 간여도 하지 않으며 그것은 모두 신의 직접적이고 단독적인 작용으로 돌려야 하는가? …… 만일 자연이 신과도 다르고 자연규범이나 감관에 의해 지각되는 사물과도 다른 어떠한 존재를 의미한다면, 나에게 그 말은 이해할 수 있는 의미가 하나도 없는 공허한 소리로 들린다고 자백해야 할 것이다.] 이렇게 이해된 자연은 무소부재하고 무한히 완전한 하느님에 대해 올바르게 인식하지 않는 이교도들이 끌어들인 헛된 망상이다."(150절)

세네카의 다음 글(『은혜론』 4권, 7쪽)과 비교해보자.

"당신은 자연이 이러한 사물들을 우리에게 제공한다고 말한다. 그러나 이렇게 말할 때 당신은 하느님을 다른 이름으로 부르는 것일 뿐이라는 점을 모르진 않을 것이다. 하느님이나 우주 전체와 그 모든 부분에 충만한 신성이성이 아니라면, 자연은 어떠한 사물이겠는가? 원하기만 한다면 당신은 각종 상이한 이름으로 우리의 이 조물주를 부를 수 있을 것이다. 당신은 적절하게 그를 지고지선한 주피터라고 부를 수도 있고, 번개신이라고 부를 수도 있으며, 모든 지지자라고 부를 수도 있다. 후에 이러한 칭호를 얻는 것은 역사가들이 전술한 것처럼 로마인들이 기도를 통해 전선을 유지하여 이탈을 방지했기 때문이 아니다. 모든 사물은 자신이 베푼 은혜로 유지되며 하느님은 그것들의 유지자와 안정자이기 때문이다. 그를 운명이라고 부른다면 그것도 잘못된 말이 아니다. 왜냐하면 운명도 인과의 사슬에 불과하기 때문이다. 그는 바로 모든 것의 최고 원인이며 다른 모든 것은 그에게 의지하고 있다."

그래서 선량한 버클리 주교가 이교도들에게 좀 엄격하게 대하고, 자기 자신의 말은 그들의 말을 뒤집어 해석한 것처럼 보일 수 있다.

버클리의 철학에는 고타마와 일치하는 것은 아니지만 어느 정도 불교의 기본교리를 이해할 수 있게 도와주는 다른 측면이 있다.

"나는 수시로 내 마음속의 관념들을 자극할 수 있고, 내가 적당하다고 생각할 때마다 그 풍경을 바꿀 수 있다는 점을 발견했다. 원하기만 하면 바로 이런저런 관념이 나의 상상 속에서 떠오르며, 그와 동일한 능력에 의해 어떠한 관념이 사라지고 다른 관념을 위해 길을 양보해준다. 이러한 관념의 창조와 파괴는 마음은 능동적인 것이라고 매우 적절하게 명명해준다. 이러한 점들은 확실할 뿐 아니라 경험에 기반하고 있다.……"(『인류지식원리』, 28절)

우리들 가운데 상당수는 경험이 자신들에게 이와 매우 상반된 사례를 알려준다고 생각할 수 있다. 또 아무리 의지를 써도 사라지지 않고 다른 관념을 위해 양보하는 일을 완강하게 거부하는 관념들이 마음에 달라붙어 있는 고통스런 경험에 익숙해져 있다. 그러나 내가 지적하고 싶은 점은, 고타마가 관념의 창조와 파괴가 가능한 일이라고 자신했다면(그래서 그는 자아를 관념의 환영들 속에 융해시킨다), 의지를 통해 자아를 소멸시킬 가능성이 자연스럽게 뒤따라온다는 것이다.

9. 불교에 따르면 이생과 후생의 관계는 한 램프의 불꽃과 그것에 의해 점화된 다른 램프의 불꽃 사이의 관계일 따름이다. '아라한' 혹은 고승에 있어서 어떠한 외부 형체, 혼합물, 창조물, 존재는 그것을 구성하는 부분들의 일시적인 배열에 불과하며, 그 배열도 불가피하게 사라질 운명을 지니고 있다.(리스 데이비스, 『히버트 강연』, 211쪽)

자아는 생명의 욕망에 의해 함께 결합된 일군의 현상에 다름 아니다. 욕망이 끊어질 때 "특정한 생명 사슬의 카르마도 특정한 어떤 개인에게 끼치는 영향을 멈추고 더 이상 생겨나지 않을 것이다. 왜냐하면 탄생, 노쇠, 죽음, 슬픔, 애도 그리고 절망이 생명 사슬 속에서 영원히 종결될 것이기 때문이다."

　생명의 욕망이 끊어진 아라한의 마음상태가 바로 열반이다. 올든
버그 박사는 내가 인용했던 저작 속에서 매우 날카롭고 끈기 있게 열
반에 관한 다양한 해석을 시도하였다.(285쪽과 그 다음 쪽) 그와 다
른 사람이 이 문제에 관해 토론한 결과는 다음과 같이 간단하게 정리
할 수 있을 것이다.

　① '열반' 이란 말에 부가된 속성들로부터 논리적 추론을 하면 열
반의 모든 사실성, 상상가능성, 지각가능성을 박탈해버리는데, 신에
관해서든 인간에 관해서든 모두 그러하다. 실제로 이 때문에 열반은
소멸과 정확하게 동일한 말이 된다.

　② 그러나 열반은 일반적인 의미의 소멸은 아니다. 왜냐하면 살
아 있는 아라한이나 부처에게서 발생할 수 있기 때문이다.

　③ 그리고 신앙이 깊은 불교도들에게 있어, 아라한이 제거하는
것은 고통, 슬픔 혹은 죄악이 더 많이 생겨날 가능성이며 얻은 것은
완전한 평화이다. 그의 마음은 저절로 즐거움의 극치로만 나아가고,
또 모든 상상 가능한 존재와 고통에 대한 부정이 궁극적인 행복이라
고 의미화한다. 고타마가 열반에 대해 어떠한 교조적인 정의를 내리
는 것도 거절했기 때문에 이렇게 생각하는 일이 더욱 쉬워 보인다.
열반은 오랫동안 치명적인 질병으로 고생했던 사람의 '행복한 해방'
이라고 언급되는 것과 유사한 면이 있다. 그들 자신의 견해에 따르
면, 그 사람이 '해방' 된 이후에 그전보다 더 행복할지 여부는 언제나
매우 의심스러울 수 있다. 그러나 그들은 이러한 관점에서 그 문제를

바라보려고 하지 않는다.

불교가 실제적이면서도 형이상학적인 소멸을 목적하지 않는다면, 틀림없이 슬프고 우울한 신앙일 것이라는 대중적 인식은 사실과 일치하지 않는 듯하다. 그와 반대로 열반의 기대감은 진실한 신도들을 쾌활하게 할 뿐 아니라 그에 도달하려는 황홀한 욕망을 가득하게 한다.

10. 고타마의 개인적 품성에 관한 묘사는, 부처의 전기로 급속히 발전한 전설적 일화 및 현재의 민간전설과 통합되어 전 세계에 잘 알려진 탄생 이야기를 통해 형성되어, 분명 사람들에게 막대한 영향을 끼쳤다. 게다가 고타마는 카스트제도에 간여한 적이 없음에도 불구하고, 해탈과정에서 일어나는 완전성의 차이 이외에 추종자들 사이에 그 어떠한 구별도 승인하지 않았다. 또 지각 있는 존재들에게 사랑과 자비를 베풀라 하는 것과 마찬가지인 가르침을 통해, 실제로 그는 모든 사회적, 정치적, 인종적 장벽을 평등하게 만들었다. 세 번째로 중요한 조건은, 불교도들을 수도단체에 편성하여 비교적 엄격한 신도로 육성하는 데 반해, 일반인들에게는 실천상에서 관대하고 어떠한 일시적인 극락장소에 거처할 수 있는 희망이 허용되어 있다는 점이다. 눈앞에 수십만 년 동안 기다려온 극락이 직접 나타난다면, 일반적인 사람들은 그에 만족하며 뒤따라올 일이 무엇인지에 대해서는 눈을 감아버릴 수 있을 것이다.

11. 고대에는 그리스인 자신들조차 그리스의 모든 지혜의 기원을 동방에서 찾는 것이 유행이었지만, 얼마 전부터는 그리스 철학이 동양 학설과 어떠한 연관성을 지녔다는 점이 일반적으로 부정되고 있다. 그러나 진실은 대체로 두 극단 사이에 위치하는 것으로 보인다.

이오니아의 지성운동은 고립되어 있지 않았다. 그것은 기원전 6, 7, 8세기 동안 에게 해와 북 힌두스탄 사이의 전역에 강력한 정신적 동요가 분출되어 나타난 여러 가지 산발적인 표현들 가운데 하나일 뿐이었다. 이 3백 년 동안 예언주의가 팔레스타인의 셈족들 사이에서 정점에 도달했고, 조로아스터교는 성장하여 정복자인 이란계 아리아인의 신조가 되었으며, 불교는 흥기하여 힌두스탄의 아리아인들 사이에서 놀라운 속도로 전파되었고, 동시에 과학적 자연주의는 이오니아의 아리아인들 사이에서 싹트기 시작했다. 이처럼 똑같이 중요한 네 가지 사건이 발생했던 3백년을 다른 시기에서 찾기는 어려울 것이다. 현존하는 인류의 모든 주요 종교들은 앞의 세 가지 원천 속에서 성장한 것이며, 네 번째 요인은 당시 자그마한 샘물에 불과했지만 지금은 실증과학의 거대한 흐름으로 성장하였다. 물리적 가능성으로 볼 때 예언자 예레미야와 최고(最古)의 이오니아 철학자가 만나 서로 대화를 나누었을지도 모른다. 만일 그렇게 되었다면 그들은 아마도 많은 부분에서 의견이 달랐을 것이다. 또 그들의 토론이 오늘날에도 여전히 뜨겁게 논쟁되고 있는 문제들을 포괄했을 수 있다는 점을 생각하면 흥미로워진다.

이 때문에 고대 이오니아 철학은 서아시아의 아리아인과 셈족의 도덕적이고 지적인 생활이 흥성하여 나타난 많은 결과 가운데 하나일 뿐이라고 생각된다. 이러한 전반적인 각성을 가능케 한 조건들은 틀림없이 다양했을 것이다. 그러나 최근 연구에서 가장 부각되는 조건이 하나 있는데, 바로 가장 고대적이면서 고도로 발전한 사회가 유프라테스 강과 나일 강 유역에 존재했다는 점이다.

기원전 6세기 이전인 천여 년(어쩌면 2천여 년) 전에 바빌로니아인과 이집트인 사이에서 비교적 문명이 높은 수준에 도달했다는 사실은 지금 잘 알려져 있다. 회화, 조각, 건축 그리고 공예 방면에서 놀라울 정도로 발전했을 뿐 아니라, 적어도 칼데라에서는 문법, 수학, 천문학, 박물학 분야에서 방대한 지식이 축적되고 체계화되었다. 이러한 과학정신의 흔적을 볼 수 있고 자연주의 학설을 가까이 접할 수 있는 곳에서는, 내가 아는 한, 아카드인 혹은 이집트인의 철학이라고 정확하게 말할 수 있는 유적이 아직 발견되지 않았다.

지리적으로 볼 때 칼데라는 최고 문명 소재지의 중심부에 위치하고 있다. 칼데라는 대 행상인 페니키아인들의 중재에 크게 힘입어 상업이 발전했는데, 그로 인해 지금 논의하고 있는 시대 이전 천 년 동안 주변의 모든 문명과 관련을 맺게 되었다. 또 기원전 7, 8, 9세기에 칼데라 문명의 수탁자인 아리아인은, 나중에 마케도니아인과 로마인이 그리스 문화의 수탁자가 되었던 것처럼, 칼데라의 문학, 예술 그리고 과학을 널리 전파하기 위해 다른 매개자들에게 불가항력적인 힘을 증가시켜주었다.

그리스 이주민들은 다소간 후대의 게르만 야만인과 제국시기 로마인의 관계처럼, 바빌로니아인과 이집트인에 비해 열등한 위치에 서 있어서, 그들이 알게 될 새로운 생활로부터 막대한 영향을 받지 않았다고 상상하기는 힘들어 보인다. 어떤 영역에서는 이러한 영향력의 크기에 관한 직접적인 증거가 풍부하게 남아 있다. 그리스인이 읽기, 쓰기, 산수의 기초 교육을 동양인에게 배웠고, 또 셈족의 신학이 그들에게 신화적 지식을 제공해주었다는 점은 의심할 수 없다고 생각한다. 그리스 예술이 칼데라와 이집트의 예술에 커다란 빚을 지고 있다는 사실은 오늘날 어떠한 문제도 되지 않는다.

그러나 그 수혜 방식은 매우 교훈적이다. 수혜를 받은 사실은 분명하지만 그것은 틀림없이 제한적인 범위 내에서 이루어진 수혜였다. 그리스인의 불굴의 독창성을 예증하는 것으로 그리스인의 예술과 동양인의 예술의 관계만큼 더 좋은 사례가 없다. 그들은 결코 선생님의 기술적 우수성에 압도되어 단순한 모방자로 전락하지 않았으며, 그들이 받은 교육을 제때 더욱 향상시켰을 뿐 아니라 선생님의 방식을 디딤돌로 삼아 그 누구도 능가한 적이 없고 능가할 수도 없는 그들 자신만의 성과를 이룩하였다. 예술의 대표는 인간의 초상이다. 고대 칼데라인과 이집트인은 최근의 일본인처럼 새와 짐승을 묘사하는 데 놀라운 성취를 거두었으며, 심지어 인간의 초상화에서는 매우 높은 찬사를 받았다. 그러나 최대한의 노력에도 불구하고 그들의 작품은 결코 여성의 우아미나 남성의 엄격미를 표현한 최고의 그리스 작품 범주 속에 들어오지 못했다.

아시아 식민지의 생활조건 속에서 발생한 사회, 정치, 신학 방면의 사상투쟁이 민감하고 비판적인 그리스 정신 형성에 미칠 수 있는 영향관계를 고려하는 것은 의미 있는 일이다. 이오니아의 정치체제는 존경스럽지만 때때로 폭압적인 군주제로부터 난폭하여 더욱 부담이 되는 군중제에 이르기까지 사회 정치상의 전반적 변화를 거쳤다. 이오니아인들은 대부분의 정치적인 문제를 해결하는 힘의 균형을 찾아가는 매 단계에서 틀림없이 두 제도에 관해 매우 웅변적이면서 풍부한 논쟁을 벌였을 것이다. 이오니아인에게 잠재되어 있는 놀라운 사색 능력은 메소포타미아인, 이집트인, 페니키아인의 신학과 우주창조론 및 오르페우스교의 선지자, 각종 신비교의 맹신자와 몽상가를 접촉했으며, 불교와 조로아스터교 심지어 유대교와 접촉했을 가능성도 있다. 또 대립하는 초자연주의들의 상호모순이 자연주의의 생성동력 가운데서 주요한 역할을 하기가 쉬웠을 것이라는 점도 주목받고 있다.

그래서 다양한 외적 영향이 기원전 6세기 이오니아 그리스인 사이에 철학을 흥기시키는 데 공헌을 했을 수 있다. 그러나 접촉하는 모든 것을 그리스화하는 그리스 정신의 동화 능력은 여기서 효과적으로 작용하여, 내가 아는 한, 가장 권위적인 철학사가들이 그러한 외부적 공헌의 흔적이 지금은 남아 있지 않다고 인정할 정도이다. 그렇지만 나는 헤라클레이토스–스토아 학설과 초기 인도철학 사이에 유사성이 매우 분명하다는 점을 인정해야 한다고 생각한다. 두 사상 속에서 우주는 주기적 변화를 영원히 진행해나간다. 겁(劫)에 해당하는 대년(Great Year)은 유체로 탄생한 우주의 기원에서 불속에서 소멸되어가는 전 주기를 포괄한다. 세네카가 말한 것처럼 "유체는 세계의 시작이고 불은 세계의 종결이다." 두 사상은 모두 정해진 규칙에 따라 작동하는 힘의 원천이 우주 안에 내재되어 있다고 인식하는데, 이를 브라만 혹은 로고스라고 한다. 개인의 영혼은 이 세계-정신에서 유출되어 다시 그곳으로 돌아간다. 완전성은 개인의 노력과 고행을 통해서만 도달할 수 있다. 또 혼란스런 감정에 대한 부정 이외의 어떠한 상태로 완전성을 실제로 표현할 수 있다면, 그것은 행복한 상태보다는 고통이 없는 상태가 더 적합할 것이다. 묘비문인 "천국에서의 평온"은 힌두교나 스토아학파 모두에게 제공될 수 있으며, 절대적 고요는 소멸과 쉽게 구별될 수 있는 상태가 아니다.

지리적으로 볼 때 그리스문화와 힌두교의 중간에 위치한 조로아스터교는 우주의 근원 악을 인정한다는 점에서 후자와 일치한다. 그러나 두 대립된 원리를 양면적으로 강렬하게 인격화하여, 한쪽에 모든 선을 귀결시키고 다른 한쪽에 모든 악을 귀결시킨다는 점은 두 사상과 다르다. 실제로 조로아스터교는, 하나는 선하고 다른 하나는 악한 두 세계가 존재하며, 악의 세력이 후자를 창조한 목적은 전자를 손상시키기 위해서라는 점을 가정하고 있다. 현존하는 우주는 두 세계의 혼합물이며, '최후의 심판'은 악의 근원인 아리만의 작용을 철저히 소멸시키는 것이다.

12. 고대 지식을 배우는 현대 학생들이 가장 쉽게 빠질 수 있는 함정은 바로 고대 언어와 현대적 표현 방식의 유사성에 의해 퍼진 함정이다. 나는 그리스 철학자들 가운데 가장 난해한 이들의 철학을 해석할 수 있다고 생각하지 않는다. 단지 내가 지적하고 싶은 것은, 유능한 해석자들이 수용한 의미에 따라 그들의 철학을 현대 사상에 아주 잘 부합하도록 해석해야 한다는 것이다.

일반적 진화론에 관해서는 별다른 어려움이 없다. 강물에 대한 격언, 해안에서 놀고 있는 아이의 형상, 투쟁이 왕이고 아버지라는 사상은 모두 명확해 보인다. '상승하는 길과 하강하는 길은 같다'는 말은 개별 동식물의 유기적 진화의 한 과정인 순환 과정을 아주 적절하게 설명하고 있다. 그러나 헤라클레이토스의 투쟁이 생존투쟁에 관한 어떤 분명한 개념을 포괄하고 있는지 여부는 여전히 논란이 될 수 있다. 게다가, 헤라클레이토스의 '불'의 작용을 현대인들이 생각한 열의 작용, 더 정확히 말하자면 열의 한 표현인 운동을 일으키는 원인과 비교하기가 매우 쉽다. 그리고 조금 기지를 발휘하면, 모든 사물은 불로 변하고 불은 모든 사물로 변한다는 말 속에서 마치 금이 상품으로 변하고 상품이 금으로 변한다는 논리처럼, 에너지 보전의 법칙에 대한 예시를 발견할 수 있다.

13. 포프가 『인간론』 속의 한 구절(『서신집』 제1집, 267-268쪽)에서 "만물은 거대한 전체의 부분일 뿐이네 / 몸은 자연이고 영혼은 하느님인 그런 전체"라고 한 것은 세네카의 다음 구절을 바꿔 말한 것일

뿐이다. "이 세계에서 신이 있는 곳은 인간에게 있어서 바로 정신(혹 영혼)이 있는 곳이다. 신에게는 물질로 여겨지지만 우리에게는 신체가 된다."(『서신집』 제65호, 24쪽) 이 구절은 또 "영혼이 우주 각 부분에 충만한 것은 바로 정신이 우리 전신에 충만한 것과 같다"는 고대 스토아학파 학설의 라틴어 번역이다.

일반 사람들이 '악'이라고 부르는 것의 보편성을 증명하는 사물로 스토아학파 자신의 저술만큼 좋은 것이 없다. 그 저술들은 극단적 비관주의자를 위한 경구의 창고로 사용될 수 있다. 헤라클레이토스(약 기원전 500년)는 보통 인간에 대해 말할 때 수세기 후의 그의 제자들처럼 냉정하였다. 이러한 암담한 인생관을 지니게 된 원인을 알렉산더 후계자의 시대 혹은 초기 로마 황제 시대의 환경 속에서 찾을 필요는 없을 것 같다. 윤리적 이상을 지닌 사람에게는, 세계가 (자기 자신까지 포함하여) 항상 악으로 가득 차 있는 듯할 것이다.

14. 나는 잘 알려진 명언을 사용하지만 에피쿠로스에 대한 비방의 책임은 사양한다. 돼지우리 속의 생존을 이해하는 데 있어 그의 학설은 시닉학파의 학설보다 훨씬 모순적이다. 육체가 악의 원천이라는 개념과 "안일한 사상이 악의 발단"이라는 위대한 격언이 에피쿠로스의 재산이라는 생각 속에서 학설이 확고하게 태어났다면, 에피쿠로스 철학에 대한 각종 환상이 승인된 진리로 간주되는 일은 더욱 적었을 것이다.

15. 스토아학파는 인간이 이성적이고 정치적이며 이타적인 혹은 박애주의적인 동물이라고 말한다. 그들의 관점에 따르면, 인간의 고등한 본성은 이 세 가지 방향으로 발전하는 경향이 있는데, 이것은 식물이 자기 고유의 형태로 성장해나가는 것과 같다. 즐거움이나 고통에 대한 어떠한 생각도 언급하지 않았기 때문에, 식물의 고유한 성장을 방해하는 것은 모두 나쁜 일이라고 말할 수 있고 그에 도움을 주는 것은 모두 좋은 일이라고 말할 수 있다. 그래서 스토아학파적 의미에서 볼 때, 덕행은 이성적이고 정치적이며 박애주의적인 이상을 실현해나가는 행위로서, 어떠한 감정이 수반되는지에 상관없이 그 자체로 좋은 일이다.

인간은 "사회의 행복을 위해 태어난 사회적 동물이다." 사회의 안전은 이 사실에 대한 실제적인 승인 여부에 달려 있다. 세네카는 "사회 구성원의 보호와 관심이 없다면 사회는 안전할 수 없을 것이다"라고 말한다.(『격정을 논함』 2권, 31쪽)

16. 스토아학파의 자연학설의 중요성은 인과법칙의 보편성과 필연적 결과 즉 자연의 질서를 명쾌하게 승인한 데에 있다. 질서의 정확한 형태가 무엇인지는 완전히 부차적인 문제이다.

많은 영리한 사람들은 이제 범신론, 유물주의 그리고 영혼불멸에 대한 어떤 의심이 종교, 도덕과 양립할 수 없다는 점을 자명한 진리라고 인식하는 것으로 보인다. 그러나 나는 이러한 교리를 받아들이는 데 있어 어떠한 어려움이 있다는 점을 고백하는 바이다. 왜냐하면 스토아학파는 유물론자이자 가장 극단적인 범신론자로 유명하기 때문이다. 그리고 엄격한 스토아학파 철학자 가운데 개체 영혼의 영원한 존속을 믿는 사람이 아무도 없으며 심지어 어떠한 사람은 사후 영혼의 존재 자체를 부정한다. 하지만 마찬가지로 분명한 사실은, 모든 이민족 철학 가운데 스토아학파는 가장 높은 윤리적 발전을 이룩하고 가장 깊은 종교적 정신으로 충만해 있으며, 로마인뿐만 아니라 오늘날의 현대인 가운데 가장 훌륭한 사람들의 도덕적 종교적 발전에 심오한 영향을 끼치고 있다는 점이다.

세네카는 기독교도로 인식되고 있으며, 초기 기독교 교회의 교부들에 의해 성인의 반열에 올라 있다. 그리고 그와 사도 바울 사이에 오간 서신의 진실성은 오늘날까지 보수적 저술가들에 의해 열렬히 지지받고 있다. 우리가 소유하고 있는 그 편지가 가치 없는 위조품이라는 사실은 분명하며, 바우어와 라이트풋처럼 그들과 거리가 먼 저술가들은 전체 이야기에 근거가 없다는 점을 인정하고 있다.

고인이 된 더럼 주교의 논문(「필리핀 교도에게 보내는 편지」)은 특히 연구할 가치가 있는데, 이 문제 이외에 세네카와 『바울 서신』의 작가 사이의 수많은 사상적 유사성을 증명하고 있기 때문이다. 『사도의 행적』의 작가가 아라투스나 클린테스의 어록 한 구절을 사도들이 말하게 하고, 타르서스가 철학 특히 스토아학파의 중요한 입지(크리시퍼스 자신은 인근 도시 소리의 원주민이었다)라는 점을 기억한다면, 이들 사이의 유사성의 기원을 이해하는 데 아무런 어려움이 없을 것이다. 이 주제에 관해서는 알렉산더 그랜트 경이 편한 『아리스토텔레스의 윤리학』(이 책에는 버틀러 주교의 윤리학이 지닌 스토아학파적 성격에 대한 흥미로운 언급이 있다) 속의 논문, 웨이골트 박사의 교훈적 단편 『스토아학파』 속의 결론 부분 그리고 아우버틴의 『세네카와 성 바울』을 참고하기 바란다.

놀랍게도 라이트풋과 같은 작가는 스토아학파를 '절망'의 철학이라고 말한다. 그러나 분명 스토아학파는 절망의 유치함을 포함한 모든 환상을 버린 사람들이, 우주 과정이 어떠한 조건을 창조하더라도 이런 조건들이 덕성의 발전과 조응하는 한, 이를 인내하며 견디어 나가려는 철학이다. 그들에게는 덕성만이 생존을 위한 가치 있는 목적을 부여할 뿐이다. 완벽한 '현자'는 생존 기한을 제외한 모든 면에서 제우스와 동등하다고 주장하는 스토아학파에서는 절망의 색조가 없다. 그리고 내 판단에 따르면, 스토아학파의 오만에 대해 토론하는 글은 종종 나타나지만 그것을 자부하는 글은 거의 없다. 덕성만이 선하다는 스토아학파의 가설을 승인하거나, 완벽한 현자는 모든 일에 있어 제우스로부터 나온 이성에 의해 안내되기 때문에 전적으로 훌륭하다는 점을 승인하면, 스토아학파적 결론에서 벗어날 길이 없을 듯하다.

17. 영어 '무정(Apathy)'은 내가 과감하게 전문용어로 사용해온 그리스 원어와 다른 의미를 지니고 있다.

18. 많은 스토아학파 철학자들은 제자들에게 공공부문에서 적극적

인 일을 하도록 권했다. 그리고 로마시대에는 수세기 동안 공적으로 가장 훌륭한 사람들이 스토아철학에 심취해 있었다. 그러나 내가 보기에, 스토아철학의 논리적 성향은 디오게네스와 에피크테투스 같은 사람들에게서만 충실한 것 같다.

19. 「종의 기원에 대한 비평」(1864), 『논문집』 2권, 1894, 91쪽

20. 엄격하게 말하자면, 사회생활과 사회생활이 개선되기 위해 필요한 윤리과정은 당연히 진화의 일반적 과정 속의 한 부분으로, 이것은 마치 군집생활의 습관이 무수한 동식물의 생존에 커다란 도움을 준 것과 같다. 꿀벌들은 조직 사회를 구성하는데, 그 사회에서는 각 구성원들에게 부여된 역할을 조직의 필요성에 의해 결정한다. 여왕벌, 일벌 그리고 수벌은 말하자면, 뚜렷한 신체적 장벽에 의해 나누어진 등급이라고 할 수 있다. 조류와 포유류 사이에서도 사회가 형성되어 있는데, 그 결합방식이 많은 경우에 있어 순수하게 심리적인 듯하다. 다시 말하면, 서로의 짝을 찾기 위한 개체들의 선호도에 의지하는 것 같다. 지나친 자기주장에 빠지는 개체들의 경향성은 투쟁에 의해 억제된다. 이러한 초보적 형식의 사회에서도 사랑과 두려움이 일정한 역할을 하며, 크든 작든 아집을 포기하도록 영향력을 행사한다. 이러한 범위 안에서 일반적 우주 과정은 초보적 윤리 과정에 의해 억제되기 시작한다. 엄격히 말하자면, 이 역시 우주 과정의 일부분인데, 마치 중기 엔진의 '조절기'가 엔진 작동원리의 일부분인 것

과 같다.

21. 「정부: 무정부상태 혹은 조직화」, 『논문집』 1권, 1894, 413-418 쪽. 이러한 형식의 정치철학에 대해 나는 '합리적 야만행위'라는 용어를 엄격하게 적용할 수 있다고 생각한다.

22. "인간은 자연계에서 가장 연약한 사물인 갈대이지만 *생각하는* 능력을 지니고 있다. 우주는 자신을 무장하여 인간을 파괴할 필요가 없다. 한 점의 증기나 물방울로도 인간을 파괴할 수 있다. 우주는 인간을 파괴할 수 있지만 인간은 여전히 자신을 파괴하는 우주보다 더 고귀하다. 왜냐하면 인간은 자신이 사멸한다는 사실을 알고 있기 때문이다. 우주는 인간보다 뛰어난 면이 있지만 오히려 우주는 이 사실을 거의 알지 못한다." (『파스칼 수상록』)

23. 여기서 사용한 "본성"이란 말은 비판을 받을 수 있다. 그러나 인간의 본성적 경향은 훈련을 통해 확연히 바뀌어 그것이 강렬하게 표출되는 경우가 거의 없다. 근친 간의 성적 본능이 억제되는 점을 생각해보라.

24. 대부분의 시는 청년들에 의해 청년들을 위해 씌어진 것이다. 오직 위대한 예술가들만이 노년층의 회고 감정을 이해할 수 있거나 혹은 공감할 만한 가치가 있다고 생각한다. 최근에 작고한 두 위대한

시인 테니슨과 브라우닝은 자신만의 독창적인 방식으로 이렇게 하였다. 하나는 이미 인용한 「율리시스」에, 다른 하나는 미완의 아름다운 시 「왕손 롤랑이 어두운 탑으로 왔다」에 표현되어 있다.

프롤레고메나
-「진화와 윤리」 보론

Evolution and Ethics

1.

 2천 년 전 카이사르[1]가 아직 남부 영국에 발을 들여놓지 않았을 때, 지금 내가 글을 쓰고 있는 집의 창문으로 보이는 전원은 이른바 '자연 상태' 그대로였을 것이라고 쉽게 상상해 볼 수 있다. 오늘날에도 여기저기서 물결 같은 언덕의 윤곽선을 깨뜨리며 봉긋이 솟아 있는 몇몇 무덤 이외의 어느 곳도 인간의 손길이 닿지 않았을 것이다. 또 광활한 고지와 비탈진 골짜기를 뒤덮은 가느다란 식생도 인간의 영향을 받지 않았을

---

1) 로마의 군인, 정치가(기원전 100~44). 크라수스 · 폼페이우스와 더불어 제1차 삼두 정치를 수립하였으며, 갈리아와 브리타니아를 정복하였다. 크라수스가 죽은 뒤 폼페 이우스마저 몰아내고 독재관이 되었으나, 공화정치를 옹호한 카시우스, 브루투스 등 에게 암살되었다.

것이며, 자생하는 풀과 잡초, 도처에 흩어져 있는 가시덤불은 부족한 땅을 차지하기 위해 서로 경쟁했을 것이다. 그것들은 여름의 가뭄, 겨울의 서리 그리고 일 년 내내 대서양이나 북해에서 끊임없이 몰아치는 강풍과 싸웠을 것이며, 지상과 지하의 모든 동물 파괴자들에 의해 생긴 군락의 틈새를 메우려고 최선을 다했을 것이다. 해마다 토착 식물들 사이에는 끊임없이 생존경쟁이 벌어지고 그로 인해 이뤄지는 유동적인 균형 즉 평균적인 수량은 언제나 그대로 유지되었을 것이다. 분명 이 지역에서는 카이사르가 오기 전 수천 년 동안 기본적으로 유사한 자연 상태가 지배하고 있었을 것이며, 인간의 간섭이 없었다면 미래에도 똑같이 장기간 유지되었을 수 있다는 점 역시 부정하기 힘들 것이다.

시간에 대한 우리의 관습적인 표준을 고려할 때, 자생식물은 자신이 뒤덮고 있는 '영구불변의 언덕'처럼, 항상적인 모습으로 지속되는 듯이 보인다. 오늘날 몇몇 지역에서 번성하고 있는 황금(黃芩)[2]은, 부싯돌을 도처에다 남겨둔 선사시대 야만인들이 밟고 다니던 그 황금의 후예들이다. 그들의 조상은 빙하기의 기후조건 속에서도 지금보다 더욱 번성했을 것이

---

2) 황금(the little Amarella Gentians)은 꿀풀과에 속하는 식물

다. 이러한 하등식물의 오랜 과거와 비교하면 문명화된 인간의 모든 역사는 한낱 에피소드에 불과하다.

하지만 무엇보다 분명한 사실은, 우주의 거대한 시간 단위로 볼 때 현재의 이 자연 상태는, 아무리 오랫동안 지속되어왔고 또 앞으로 영구히 지속되어나갈 것처럼 보이더라도, 우주의 무한한 변화 가운데 일시적인 단계일 뿐이라는 점이다. 즉 지구 표면이 수백만 년 동안의 생존 과정에서 겪어온 일련의 변화 가운데 가장 최근의 상태일 따름이라는 것이다. 가령, 한 평 정도의 얇은 식물 퇴적층(turf)[3]을 파보면, 인근 해안의 5백 피트 높이의 백악(chalk)[4] 절벽에 있음 직한 단단한 토대를 볼 수 있을 것이다. 이는 지금의 '영구불변의 언덕'이 있는 곳이 과거에 바다에 잠겨 있었다는 점과, 그 당시 인근 육지에 있는 식생의 종류가 지금의 서섹스(sussex)[5] 구릉지대 식물군과 달라서, 마치 중앙아프리카와 서섹스 구릉지대 식물군의 차이만

---

3) 토탄 혹은 이탄이라고 부르며 땅속에 묻힌 시간이 오래되지 아니하여 완전히 탄화하지 못한 석탄. 이끼나 벼 따위의 식물이 습한 땅에 쌓여 분해된 것으로, 광택이 없고 검은 갈색을 띠며 해면 모양이나 실 모양 또는 흙덩이 모양을 하고 있다. 발열량이 적으며, 비료나 연탄의 원료로 쓴다.
4) 미세한 해양생물의 잔해와 다량의 탄산칼슘으로 구성된, 부드럽고 부서지기 쉬운 흰색 내지 회색을 띠는 퇴적암
5) 영국 잉글랜드 남동부의 주

큼 상이했을 것이라는 점을 확신케 해준다.[1] 또 마찬가지로 분명한 사실은, 백악이 형성되는 시간과 최초의 식물 퇴적층이 탄생하는 시간 사이에 수천 세기가 경과했으며, 그 과정에서 백악 퇴적기의 자연 상태가 현재로 이어져온 것인데, 그 변화가 매우 느리게 진행되었기 때문에 세대가 끊임없이 교체되는 인간이 보기에는, 동시대의 환경이 변화하지 않거나 변화할 수 없는 것처럼 느껴졌을 것이라는 점이다.

그러나 분명 백악 퇴적기 이전에도 이미 상당한 시간이 경과했으며, 그 기간 동안 이루어진 끊임없는 변화 과정과 생물 상호 간의 격렬한 생존경쟁의 흔적 역시 쉽게 찾아볼 수 있다. 또 우리가 더 오랜 과거의 일을 추적하지 못하더라도, 그것은 태초의 시기에 도달했다고 생각해서가 아니라 가장 오래된 생명의 흔적이 숨겨져 있거나 혹은 지워져버렸기 때문이다.

그래서 우리가 고찰하기 시작한 식물계의 자연 상태는 결코 영구불변의 속성을 지니고 있는 것이 아니다. 오히려 그것의 진정한 본질은 불안정성이다. 식물계의 자연 상태는 뚜렷한 변화 없이 이미 2만 년 혹은 3만 년 동안 지속되어왔을 수 있으며, 앞으로도 2만 년 혹은 3만 년 동안 더 그렇게 지속되어 나갈 수 있을 것이다. 그러나 지금까지 매우 다른 상태가 이어진 것처럼, 분명 앞으로도 마찬가지의 상이한 조건이 뒤따라

올 것이다. 여기서 지속되는 것은 이러저러한 생명체들의 결합이 아니라 바로 우주 자체가 생산물이 되는 과정이며, 그 과정 속에서 생명체들의 결합은 일시적인 표현에 불과하다. 그리고 생물계에서 이러한 우주 과정의 가장 큰 특징 가운데 하나는 개별 생명체가 다른 모든 생명체들과 상호 경쟁하는 생존투쟁이다. 그 결과 선택이 이루어져 대체로 특정 시기의 주어진 조건에 가장 잘 적응한 품종이 생존자가 된다. 그리고 그들은 오직 이러한 관점에서만 최적자라고 부를 수 있다.[2] 이 구릉지의 식생 가운데 우주 과정을 통해 도달한 정점은 바로 식물 퇴적층을 뒤덮고 있는 잡초와 가시덤불이다. 주어진 조건하에서 이들은 경쟁의 승리자로 등장하여, 생존을 통해 자신이 최적자라는 사실을 입증하고 있다.

어떠한 시기의 자연 상태가 무수한 세대를 거쳐 진행되어 온 부단한 변화 과정 속의 일시적인 단계라는 점은, 나에게 현대사의 어떠한 사건만큼이나 확실한 명제로 다가온다. 게다가 화석학은 충분한 논증 없이 똑같은 학설을 제기한 고대 철학자들의 가정, 즉 이러한 단계들이 순환하는 과정에서 과거를 그대로 반복하고 미래를 그대로 예시하는 하나의 주기를 형성한다는 생각이 잘못되었다는 점을 확신하게 해준다. 그러한 가정과는 반대로 화석학은 다음과 같은 점을 생각할 수 있는 결정적인 이유를 제공하고 있다. 만약 하등 자생식물의 선조와 연결되어 있는 모든 고리가 보존되어 있고 또 그것을 우리가 접할 수 있다면 전체적인 모습은 점차 복잡성이 감소되는 수렴형 연속체로 나타날 것이며, 식물의 유해가 발견되는 시기보다 훨씬 오래된 지구사의 어떠한 시기에 이르면, 그 고리는 동물과 식물의 경계가 구별되지 않는 저열한 군체 속으로 융해될 것이다.[3]

'진화'라는 말은 현재 일반적으로 우주 과정에 적용되고 있지만, 독특한 변천의 역사가 있었을 뿐 아니라 다양한 의미로 쓰이고 있다.[4] 대중적인 의미를 취하자면, 진화는 진보적인 발전 즉 비교적 단일한 상태에서 비교적 복잡한 상태로의 점진적인 변화를 뜻한다. 그러나 그 함의가 확장되어 퇴보적인 변형 현상 즉 비교적 복잡한 상태에서 비교적 단일한 상태로 나아가는 과정까지 포함하고 있다.

진화는 씨앗에서 나무로 자라거나 알에서 새로 성장하는 것과 같은 특성을 지닌 자연 과정이기 때문에, 창조 및 다른 모든 초자연적 간섭을 배제한다. 또 진화는 매 단계가 정해진 규율에 따라 작동하는 원인들의 결과 즉 고정된 질서의 표현이기 때문에, 마찬가지로 우연성의 개념을 배제한다. 그러나 진화는 우주 과정에 대한 설명이 아니라 이러한 과정을 조성한 방법과 그 결과에 대한 일반화된 진술일 뿐이라는 점을 반드시 기억해야 한다. 나아가, 우주 과정이 어떠한 동력에 의해 추동된다는 증거가 있다면 그 동력이 바로 우주 과정과 그 산물의 창조자가 될 것이다. 비록 이러한 초자연적 간섭이 다음 단계에서 엄격하게 배제될 수도 있지만 말이다.

우리가 과학적 지식이라고 부르는, 사물의 본질에 대한 제한적인 해명 작업이 진행되는 한, 식물계뿐만 아니라 동물계도, 생물뿐만 아니라 지구상의 모든 구성물도, 행성뿐만 아니라 태양계 전체도, 항성과 그 위성뿐만 아니라 무한한 공간에 퍼져 있고 아울러 무한한 시간 동안 지속되고 있는 질서의 증언자인 수백만의 천체들도, 모두 자신들의 예정된 진화 과정을 따르고 있다는 믿음이 끊임없이 강조될 것이다.

현재 내가 할 수 있는 일은 지구상에 거주하는 생명체들의 진화 과정에 관해 설명하는 것뿐이다. 그 원인들에 대해서는 계속 탐구해보아야 하지만, 모든 식물과 동물은 변이의 추세를 드러내고 있다. 첫째, 특정한 시기의 생활 조건은 거기에 가장 잘 적응하는 변이 존재에게 우호적이며 그 나머지에 대해서는 대립적이고 자연선택을 가하는 추세가 있다. 둘째, 모든 생명체는 무한하게 번식하려 하지만 생존 자원은 제한적이다. 셋째, 자손의 수가 선조보다 더 많지만 통계적으로 볼 때 그들의 기대 수명은 같다. 첫 번째 추세가 없었다면 진화가 발생할 수 없었을 것이다. 두 번째 추세가 없었다면 하나의 변이가 사라지고 나서 또 다른 변이가 그것을 대체하는 일이 생기지 않았을 것이다. 다시 말하면 선택이 일어나지 않았을 것이다. 세 번째 추세가 없었다면 자연 상태에서 선택 과정의 동력인 생존경쟁이 사라졌을 것이다.[5]

만일 이러한 추세들이 존재한다면 식물사와 동물사에서 알려진 모든 사실이 합리적인 상호관계 속으로 융합될 수 있을 것이다. 이는 내가 알고 있는 다른 어떤 가설보다 진화 과정을 훨씬 잘 설명할 수 있다. 가령 원시적이고 무질서한 혼돈이 존재했다, 원형적 관념이 수동적이고 느린 영원한 물질을 만들었는데 부분적으로만 성공을 거두었다, 초자연적 힘이 참신한 세계-물질을 갑작스럽고 신속하게 창조하였다 등과 같은 가설은 현재 지식계로부터 지지를 받지 못하고 그 반대의 상황에 처해 있다. 우리의 지구가 한때 성운 모양으로 이루어진 우주 마그마의 일부였다는 가설은 확실히 성립가능하며 실제로 그 가능성은 상당히 높아 보인다. 그러나 가장 완성도 높은 자연물이나 인공물 속에 완벽한 질서가 구현되어 있는 것처럼, 어떠한 질서가 진화 과정을 완벽하게 지배할 수도 있다는 점을 의심할 이유는 없다.[6]

과학적 지식을 통해 탄생한 신념은, 자신의 탐구대상을 무한한 시공간을 통해 끊임없는 변화를 생성하는 외부질서 가운데서 발견하고, 잠재 단계와 현현 단계 사이에서 상호 교차하는 우주 에너지를 표출할 수 있다는 점이다. 칸트가 주장한 것처럼, 새로운 세계로 진화하도록 예정된 모든 우주 마그마는 다름 아니라 이미 사라진 전신의 예정된 결말이었을지 모른다.

2.

여기에 작은 땅 한 조각이 있는데, 이곳은 앞에서 내가 언급한 자연 상태[6]가 인간의 간섭에 의해 사라진 지 이미 3~4년이 경과한 상태다. 이 땅은 나머지 다른 땅과 울타리로 분리되어 있다. 이렇게 보호된 지역 안에서 토종 식생은 최대한 근절되고, 동시에 한 무더기의 외지 식물이 이식되어 그 자리를 차지하고 있다. 간단히 말하자면 정원이 조성된 것이다. 현재 인위적으로 꾸며진 이 지역은 담 밖에서 자연 상태로 남아 있는 넓은 땅과 아주 색다른 풍경을 연출하고 있다. 이곳의 수목, 관목, 초목 가운데 많은 품종이 지구의 먼 외각에서 자연

---

6) 헉슬리는 '자연 상태(state of nature)'를 '인공 상태(state of Art)'와 구분하여 논하고 있다.

상태로 자라던 것인데 여기서 무성하게 번창하고 있는 것이다. 또 상당량의 채소, 과일, 꽃이 자라고 있는데, 그 종들은 정원이 제공하는 여건이 없었다면 현재 존재할 수도 없고 과거에 존재한 적도 없는 것들이다. 그래서 이곳 식물들은 온상이나 온실에서 배양되는 몇몇 식물처럼 사람이 만든 인공물이라고 할 수 있다. 자연 상태에서 이렇게 창조된 '인공 상태'가 인간에 의지해야만 유지된다는 사실은, 정원사의 세심한 관리가 사라져 일반적인 우주 과정이 끼치는 적대적 영향을 더 이상 주의 깊게 극복하거나 대처하지 못할 때, 즉시 분명해질 것이다. 울타리와 문이 썩고, 네발동물과 두발동물의 침입자들이 유용하고 아름다운 식물들을 게걸스럽게 먹으면서 짓밟고, 새·곤충·해충·곰팡이가 마음대로 해악을 끼칠 것이다. 또 토종 식물들의 씨앗이 바람이나 다른 매개를 통해 안으로 들어와, 오랫동안 그 지역 조건에 잘 적응해온 특수성에 의지하여 왕성하게 잡초로 자라나면 이들이 곧 정원의 외래 경쟁자들을 몰아낼 것이다. 한두 세기가 지나면 울타리와 온실, 온상의 골격 이외에 남아 있는 사물이 없어질 터인데, 이는 자연 상태에서 작동하는 우주의 위력이 정원사의 기술에 의해 조성되어 자신의 패권에 도전한 일시적 방해물을 물리쳤다는 사실을 보여주는 것이다.

정원은 인공물 혹은 공예품[7]이라 여길 수 있는 것과 같은 사물로 볼 수 있다. 인간의 몸에 내장된 에너지는 함께 내장된 지능의 지도하에 자연 상태에서 생성될 수 없는 다른 파생 물체를 생산한다. 부싯돌 공구에서 대성당 혹은 정밀한 시계에 이르기까지 인간의 두 손이 만든 모든 사물이 비슷한 경우라고 할 수 있다. 우리는 이러한 사물들을 인간 바깥에서 작용하는 우주 과정의 산물 즉 자연적 혹은 자연물이라고 부르는 사물과 구별하여 인공적 혹은 인공물(공예품)이라고 부른다. 자연물과 인공물을 이렇게 구별하는 것은 보편적으로 공인되고 있으며, 나는 이것이 유용하고 공정한 방법이라고 생각한다.

3.

앞에서 내가 '원예 과정' 이라고 불렀던, 식물을 조성하고 정원을 유지하는 인간의 에너지와 지능의 작동 과정을, 엄밀하게 볼 때 우주 과정의 일부라고 하는 것은 분명 정당한 주장이라고 할 수 있다. 아마 나보다 이 주장에 더 적극 찬성하는 사람은 없을 것이다. 사실 최근 30년 동안 이 명제를 주장하면서 내가 겪은 고통은 이보다 더 심한 고통을 겪었다는 사람을 알지 못할 정도다. 이 기간 초기에 나는 심한 욕을 먹으면서도, 신체적, 지적 그리고 윤리적 차원에서 인간은 가장 비천한 잡초와 마찬가지로 자연의 일부일 뿐만 아니라 순수한 우주 과정의 산물이라고 주장하였다.[8]

이러한 주장을 수용한다면, 우주 과정이 그 자체의 일부분인 원예 과정과 대립 관계에 있을 수 없다는 점을 인정하는 것이 아닌가? 이에 대해 나는 다음과 같이 대답할 수 있을 뿐이다. 두 가지 과정이 대립관계에 있다는 결론이 논리상으로 모순적이라면, 나는 논리에 유감을 표하지 않을 수 없다. 왜냐하면 우리가 보아온 것처럼 사실이 그러하기 때문이다. 정원은 인간의 기술로 만든 다른 모든 인공물과 마찬가지로, 인간의 에너지와 지능을 통해 작용하는 우주 과정의 결과물이다. 자연 상태에서 만들어진 다른 모든 공예품의 경우에서처럼, 우주 과정은 끊임없이 인공물을 무너뜨리고 파괴하려 든다. 포스 철교[7] 및 앞바다에 떠 있는 철갑선은 궁극적으로 볼 때, 다리 아래를 흐르는 강물이나 철갑선이 떠 있는 바다가 그러한 것처럼, 우주 과정의 산물임에 틀림이 없다. 그렇지만 바람은 다리를 상하게 하고, 조류는 다리의 토대를 약하게 하며, 기후 변화는 부품의 결합을 느슨하게 하여 마찰과 소모를 일으킨

---

7) 스코틀랜드 포스 만을 건너는 철교로 1890년에 개통되었는데, 기차가 다닐 수 있도록 강철을 사용하여 튼튼하게 만들었다.

다. 때때로 다리는 수리를 받아야 하는데, 바로 철갑선이 수리를 위해 부두로 들어가는 것과 같다. 이것은 자연의 자식인 인간이 자신에게서 빌려온 것을 가지고 일반적 우주 과정에 우호적이지 않은 사물을 조합한 데 대해 항상 자연이 교정을 요구하기 때문이다.

그래서 인간을 통해 식물계의 일부에 작용하는 우주 에너지는 자연 상태를 통해 작용하는 우주 에너지와 대립할 뿐 아니라, 유사한 적대감이 인공물과 자연물 사이에서 어디서든 분명하게 나타난다. 심지어 자연 상태 자체에서도 생명계 안의 우주 과정의 결과물들이 서로 대립하는 일이 발생하는데 이것이 바로 생존경쟁이 아니겠는가?[9]

4.

정원의 인공 상태는 자연 상태와 적대적일 뿐 아니라, 인공 상태를 조성하고 유지하는 원예 과정의 원리 역시 우주 과정의 원리와는 대조적이다. 우주 과정의 특성은 격렬하고 끊임없는 생존경쟁에 있고, 원예 과정의 특성은 생존경쟁을 야기하는 조건을 제거하여 그러한 경쟁을 소멸시키는 데 있다. 우주 과정의 추세는 식물의 유형을 현재의 조건에 맞게 조절하는 데 있고, 원예 과정의 추세는 정원사가 배양하려고 하는 식물 유형의 요구에 맞게 조건을 조절하는 데 있다.

우주 과정은 무제한적인 번식을 수단으로 활용하여, 수많은 식물이 한 개의 식물에 적합한 공간과 자양분을 차지하기 위해 경쟁하도록 만든다. 또 우주 과정은 서리와 가뭄을 통해 히약하고 불행한 식물을 제거하는데, 살아남기 위해서는 강해야 할 뿐 아니라 유연하고 운이 좋아야 한다.

이와 달리 정원사는 번식을 제한하고, 각 식물이 필요한 공간과 자양분을 제공하며, 서리와 가뭄으로부터 그들을 보호한다. 또 다른 모든 방식을 통해 그가 소망하는 유용성 혹은 아름다움의 기준에 가장 근접한 식물 유형의 생존을 위해 조건을 변화시키려고 시도한다.

만약 이렇게 얻은 과일, 덩이줄기, 군엽, 꽃이 정원사의 이상에 충분히 접근한다면, 도달한 그 상태가 무한히 연장되지 못할 이유는 없다. 자연 상태가 거의 그대로 지속되는 한, 정원을 조성하는 데 필요한 에너지와 지능이 그 상태를 충분히 유지할 수 있을 것이다. 그러나 인간의 지배가 자연을 넘어 유지될 수 있는 범위는 매우 좁다. 만약 백악기(cretaceous epoch)[8]의 조건으로 되돌아간다면 가장 유능한 정원사라 하더라도 사과와 까치밥나무의 경작을 포기해야 할 것이다. 또 빙하기가 다시 출현한다면 야외의 아스파라거스 화단은 무용해지고, 과실나무가 잘 자라도록 남쪽 담장 쪽에 심어주는 일도 시간 낭비가 될 것이다.

그러나 자연 상태가 그대로 유지된다면 생산물이 정원사를 만족시키지 못하더라도, 이것이 그의 이상에 한층 다가가게 할 수 있다는 점을 주의하는 것은 매우 중요하다. 비록 생존경쟁이 종결된다 하더라도 진보의 가능성은 여전히 남아 있기 때문이다. 이 문제에 관해 토론할 때, 이상하게도 우리는 생물의 변화 혹은 진화의 필수적인 조건이 변이와 유전이라는 사실을 종종 잊어버린다. 선택은 어떠한 변이를 장려하여 그 자손을 유지시키는 수단이지만, 생존경쟁은 선택에 도달하는 수단 가운데 하나일 뿐이다. 인공으로 재배된 꽃, 열매, 뿌리, 덩이줄기, 알뿌리의 무한한 변종은 생존경쟁이 아니라 유용성 혹은 아름다움의 이상에 근거하여 정원사가 직접 선택한 산물이다. 정원에서 똑같은 공간을 점유하고 똑같은 조건에 처해

---

8) 중생대의 3구분 가운데 약 1억 4천만 년 전부터 6천 5백만 년 전에 해당하는 기간. 유럽에 이 시기의 지층이 백악(chalk)으로 된 곳이 많아 유래된 명칭이다. 백악기 말에 대량 멸종이 육지와 바다에서 일어나 해양에서는 암모나이트, 벨렘나이트 등 전체의 약 50%의 속이 종적을 감추었을 뿐만 아니라 육상에서도 공룡류가 절멸하고 포유류가 대규모 적응방산하는 계기가 만들어졌다. 식물계에서는 속씨식물이 백악기 중순부터 급격히 번성하면서 식물군이 현대적 요소로 변하였다.

있는 수많은 식물 가운데서 변종이 출현한다. 이미 주어진 방향에 적응한 변종은 보존되고 그 나머지는 소멸한다. 또 똑같은 과정이 변종들 사이에서도 일어나는데, 가령 야생 감람(kale)[9]이 양배추가 되거나 야생 제비꽃이 진귀한 삼색제비꽃으로 변이하는 현상이 그러하다.

5.

식민지 개척 과정은 정원 조성 작업과 유사하여 아주 좋은 참조가 될 수 있다. 지난 세기 중엽 영국의 식민지 개척자들을 가득 태운 배 한 척이 정착지를 조성하기 위해 태즈마니아[10]와 같은 지역으로 보내졌다고 가정해보자. 상륙한 후 그들은 일반적인 자연 조건을 제외하고 모든 것이 영국과 전혀 다른 자연 상태의 한복판에 처해 있다는 사실을 발견하였다. 사람은 물론이고 그곳에 있는 일반적인 식물, 새, 네발동물

---

9) 십자화과에 속하며, 원산지는 지중해이다. 양배추의 선조격으로, 양배추와 브로콜리, 콜리플라워 등은 모두 감람을 품종 개량하여 육성한 것이다.
10) 태즈메니어(Tasmania)는 오스트레일리아 남부의 섬으로 남한의 2/3 정도의 면적에 약 50만 명의 인구로 이루어진, 오스트레일리아에서 가장 작은 주이다. 문화와 건축은 전반적으로 영국의 유풍이 강하게 남아 있어서 영국의 시골 풍경을 연상케 한다.

은 그들이 떠나온 지구 저편에서 보았던 사물과 완전히 달랐다. 식민지 개척자들은 그들이 점령하고 싶은 영토에서 이러한 사물의 상태를 소멸시키기 시작했다. 그들은 토종 식생을 제거하고, 현지 동물을 최대한 멸절시키거나 쫓아버리고, 또 재침입한 동물로부터 자신들을 보호하기 위해 대책을 마련하였다. 그것들을 대체하기 위하여 그들은 영국 곡물과 과일나무, 개, 양, 소, 말 그리고 영국인을 데리고 왔다. 사실상 그들은 옛 자연 상태 안에서 새로운 식물계와 동물계 그리고 새로운 인류를 창조한 것이다. 그들의 농장과 목장은 거대한 규모의 정원에 해당하며, 그들 자신은 옛 체제에 조심스레 대항하며 새로운 상태를 유지해야 하는 정원사에 해당한다. 전체적으로 볼 때 식민지는 옛 자연 상태에 새로 들어온 복합체라고 할 수 있다. 식민지가 조성된 이후 생존경쟁의 경쟁자들은 정복자가 되거나 혹은 소멸을 당하게 될 것이다.

이렇게 가정된 조건하에서 식민지 개척자들이 정력적으로 그리고 그들 모두의 힘을 지혜롭게 결합하여 식민지를 건설한다면 당연히 좋은 결과를 얻을 것이다. 이와 반대로 게으르고 어리석고 부주의하거나 혹은 서로 다투며 자신들의 힘을 소진한다면 옛 자연 상태가 경쟁에서 승리하게 될 것이다. 본토의 야만인들이 이주한 문명인을 괴멸시키고, 영국의 동물과 식물 가운데 어떤 것들은 토종 경쟁자에 의해 멸망하고, 다른 어떤 것들은 야생 상태로 들어가 스스로 자연 상태의 구성원이 될 것이다. 그리고 수십 년 안에 식민지의 다른 모든 흔적이 소멸돼버릴 것이다.

6.

이제 능력과 지능이 일반인보다 탁월한 행정 장관이 있는데 마치 일반인이 그들의 가축보다 뛰어난 것과 같은 정도라고 상상해보자. 그는 식민지의 수장이 되어, 그 지역 자연 상태의 적대적 영향을 극복하고 식민지의 승리를 보증하는 방식으로 구성원들에 대한 관리 책임을 질 것이다. 그가 일을 추진해나가는 방식은 바로 정원사가 정원을 관리하는 방식이다. 우선, 그는 사람, 짐승 혹은 식물에 상관없이 토착 경쟁자를 철저히 근절시키고 배제하는 방법을 통해 최대한 외부 경쟁의 영향을 제거할 것이다. 또 우리의 장관은 아름다운 식민지 건설의 이상에 따라 적합한 구성원을 선택할 것인데, 이는 바로 정원사가 유용성 혹은 아름다움의 이상에 따라 적합한 식물을 선택하는 것과 같다.

다음으로, 구성원들 사이에 생존자원을 얻기 위한 경쟁이 벌어져 자연 상태와의 싸움에서 단결의 효율이 떨어지지 않게 하기 위해, 그는 각자에게 필요한 생존자원을 분배하여 갈등을 조절하고, 또 좀 더 힘이 세고 교활한 동료들이 자신의 생존자원을 빼앗을지 모른다는 두려움을 제거할 것이다. 식민지의 단결된 힘으로 인가된 법률은 평화 유지를 위해 허용된 범위 안에서 각자의 자기주장을 제한할 것이다. 바꿔 말하자면, 우주적 생존경쟁이 인간 사이에서 벌어지지 않도록 엄격하게 제약되고, 경쟁방식에 의한 선택이 정원에서처럼 완벽하게 배제된다는 것이다.

동시에, 구성원들의 능력을 충분히 발전시키는 데 있어 앞서 말한 것보다 더 적대적인 자연 상태의 조건이 있으면, 그들의 생존에 더 유리한 인위적 조건을 창조하여 방해물을 제거할 것이다. 극단적인 더위와 추위로부터 보호하기 위해 집과 옷을 공급하고, 배수와 관개 작업을 통해 극심한 비와 가뭄의 피해를 방비하고, 길·다리·운하·수레 그리고 배를 이용하여 이동과 운송을 방해하는 자연물을 극복하고, 기계 엔진을 이용하여 인간과 인간이 부리는 동물의 육체적 한계를 보완하고, 위생 예방조치를 하여 질병이 일어나는 자연적 원인을 억제하거나 제거할 것이다. 문명의 이러한 진보 단계에 따라 구성원들은 갈수록 자연 상태의 속박에서 벗어나고,

그들의 생활은 갈수록 인공 상태에 의해 좌우될 것이다. 자신의 목적을 달성하기 위해 행정장관은 이주자들의 용기, 노동 그리고 협동심을 활용해야 한다. 식민지 사회의 이익은 이러한 자질을 지닌 사람이 늘어나고 자질이 부족한 사람의 수가 줄어들 때 가장 잘 보장될 것이라는 점은 분명하다. 바꿔 말하면, 식민지가 이상사회를 지향하는 선택에 의해 관리된다는 것이다.

그래서 행정장관은 지구상의 낙원 즉 진정한 에덴동산의 건설을 희망한다고 할 수 있다. 그곳에서는 모든 사람이 정원사가 추구하는 행복을 향해 함께 일해야 하고, 우주 과정인 자연 상태의 거친 생존경쟁이 폐지되어야 하며, 자연 상태가 인공 상태에 의해 대체되어야 하고, 모든 식물과 하등동물은 인간의 요구에 적응해야 하며, 만일 인간의 관리와 보호가 사라진다면 모두 소멸할 것이다. 그곳에서는 인간 스스로도 완벽한 사회 건설의 직무를 실현하는 기관(器官)으로서 효율의 목적을 위해 선택될 것이다. 이러한 이상적 사회는, 인간이 주위의 조건에 점차 적응하는 것이 아니라 인간이 자신을 위해 인위적 조건을 창조하는 방식으로, 생존경쟁을 자유롭게 허용하는 것이 아니라 그러한 경쟁을 배제하는 방식으로, 그리고 행정장관의 이상을 지향하는 선택이 생존경쟁에 의한 선택을 대체하는 방식으로 조성될 것이다.

7.

그러나 에덴동산에도 해결하기 어려운 문제가 생기게 될 것이다.[11] 인간은 다른 생물들과 마찬가지로 강력한 생식 본능을 지니고 있어서, 그 결과 인구가 아주 빠르게 증가하는 추세가 나타날 것이다. 이상적 목표를 추구하는 행정장관의 대책이 훌륭할수록 자연 상태의 파괴 동력은 더 철저히 소멸되어, 인구 증가의 제약이 갈수록 줄어들 것이다.

다른 한편으로, 식민지 내에서 평화 정책을 시행하여, 더 강하다는 이유만으로 타인의 생존 자원을 갈취하려는 이들의 능력을 제거하면, 이로 인해 구성원들 사이의 생존경쟁이 멈출 것이다. 일용품을 얻기 위한 경쟁이 유일하게 남아 있지만 그것이 인구 증가를 막지는 못할 것이다.

그래서 구성원들의 인구가 증가하기 시작하면 행정장관은 자신의 인공 조직 속에 우주적 경쟁이 재진입하는 추세에 직면하게 되는데, 이는 일용품뿐만이 아니라 생존 자원을 획득

---

11) 본문의 내용을 직역하면 "에덴동산에도 뱀과 매우 교활한 짐승이 생기게 될 것이다"이지만 여기서는 문맥을 원활하게 하기 위해 의역을 한다.

하기 위한 경쟁에서 비롯된 결과이다. 식민지가 확장 가능한 한계에 도달하면 잉여 인구는 어떠한 방법을 쓰든 조치되어야 한다. 그렇지 않으면 심각한 생존경쟁이 재개되어, 인공 상태가 자연 상태에 대항하여 유지되는 근본 조건인 식민지의 평화가 파괴될 것이다.

행정장관이 순수한 과학적 사고에 따라서 통치한다고 가정한다면, 정원사처럼 그도 잉여 인간을 구조적으로 소멸시키거나 배제하는 정책을 통해 이러한 난관을 모면하려고 할 것이다. 불치병 환자, 미성년자, 장애인이나 정신병자, 과잉 출산된 유아 등을 도태시켜야 하는데, 이는 마치 정원사가 결함 있고 불필요한 식물을 근절시키거나 사육사가 불량한 가축을 소멸시키는 것과 같다. 또 행정장관의 목적에 가장 잘 부합하는 자손을 얻기 위하여, 세심하게 선정된 힘이 세고 건강한 사람들만이 자신의 후손을 보전하도록 허용될 것이다.

8.

최근에 출현한 사회 정치 문제에 우주의 진화 원리를 적용하거나 혹은 그러한 해석방법을 가정하는 더욱 철저하고 다양한 시도들 가운데, 상당수가 어떠한 개념에 근거하고 있는 것으로 보인다. 즉, 인간사회가 자신의 인적 자원 속에서 내가 상상했던 행정장관 같은 인재를 제공할 능력이 있다고 전제한다는 것이다. 간단히 말하면, 비둘기 가운데 사육사인 존 서브라이트 경 같은 비둘기가 있다는 것이다.[10] 개인에 의한 독재이든 집단적 독재이든 간에 독재 정부는 모두 초자연적인 지능을 지니고 있어야 하고, 선택을 통해 진보의 원리를 성공적으로 실현하기 위해 '초자연적 잔인성'을 지니고 있어야 한다고 많은 사람들이 생각한다. 역사적 경험은 '사회 구세주' 개인에게만 이러한 잔인성이 있을 것이라는 생각을 정당화해주지 않는다. 체제를 위해 신체와 정신을 희생해야 한다는 유명한 격언에 근거하면, 집단적 독재 즉 선동적인 전도사에 의해 그것이 자신의 신성한 권리라고 믿는 군중의 독재가, 동일한 환상으로 불타오르는 한 사람의 절대 군주가 행한 것보다 이런 일을 더 철저히 수행할 수 있는 것처럼 보인다(실제로 역사에서 이러한 신념을 지지하는 사례가 없었던 것이 아니다).

그러나 지능의 진보는 그것과 차원이 다른 일이다. '사회 구세주들'이 타협을 선호한 사실은 그들의 지능이 뛰어나지 않았다는 점을 충분히 증명한다. 또 그들이 보유하고 있는 지능도 대체로 재원을 의존하고 있는 부유한 자본가들을 위해 사용되었을 뿐이다. 게다가, 인간의 특성을 가장 날카롭게 판단하는 자라 하더라도, 그 앞에 14세 미만의 소년 소녀 백 명을 데려다 놓고, 사회 구성원에게 유용하다고 확신하여 보전해야 할 아이들과, 어리석고 게으르거나 부도덕하다고 확신하여 제거해야 될 아이들을 최대한 실수 없이 선택하라고 한다면, 그렇게 할 수 있을지 의문이 든다. 좋은 시민과 나쁜 시민을 분별하는 '특성'은 강아지와 뿔난 송아지를 분별하는 특징보다 판단하기가 훨씬 힘들다. 많은 사람들은 생활상의 실제적인 어려움이 닥쳐 분발을 촉구할 때까지 자신의 특성들을 잘 보여주지 않는다. 그때까지 이미 나쁜 일을 행한 셈이다. 이 때문에 나쁜 혈통이 설령 하나라 하더라도 이미 번식할 시간이 충분하여, 선택의 효과가 없어진다.

9.

　　내가 이러한 진화 조직의 논리적 이상인 '비둘기 사육자들의 정치체제'가 실현될 수 없다고 걱정하는 데에는 다른 이유가 있다. 우리가 꿈꾸어온, 완벽하게 과학적인 행정장관 같은 사람이 부재한 상황에서, 인류사회가 단일한 성격의 결속을 통해 평화롭게 유지될 수 있다는 생각 즉 행정장관의 방식에 따라 완벽한 사회를 건설하려는 시도는, 사회의 결속을 느슨하게 만드는 심각한 위험에 빠지게 할 수 있다.

사회조직이 인간만의 고유한 것은 아니다. 벌이나 개미로 구성된 다른 사회들도 생존경쟁에서 협력의 장점을 잘 활용하여 이루어진 것이다. 그들의 사회와 인류사회 간의 유사성과 차이는 우리에게 좋은 참조가 될 수 있다. 꿀벌이 구성한 사회는 "각자 능력에 따라 일하고 필요에 따라 분배 받는다"는 공산주의 격언을 실현하고 있다. 꿀벌 사회 안에서는 생존경쟁이 엄격하게 제한된다. 여왕벌, 수벌 그리고 일벌은 각자 자신에게 할당된 충분한 식량을 공급받고, 각자 꿀벌 경제 분업과정에서 배당된 직무를 수행한다. 또 꿀벌사회 외부의 자연 상태 속에서 꿀과 꽃가루 수집 경쟁자들 및 다른 적들과 벌이는 경쟁에서는 모두 공동체의 승리에 공헌을 한다. 정원 혹은 식민지가 인간의 기술로 만든 산물이라는 의미에서, 꿀벌 사회 역시 곤충 특유의 조직을 통해 작동하는 우주 과정의 결과로서 꿀벌의 기술이 만든 산물이라고 할 수 있다.

이러한 사회는 모든 구성원을 공익을 위한 행동 과정에 동원해야 하는, 조직적 필요성의 직접적 산물인 셈이다. 개별 벌들은 자신의 의무가 있지만 어떠한 권리도 갖지 못한다. 벌들이 감각하고 생각할 수 있는지 여부는 독단적으로 대답할 수 있는 문제가 아니지만, 솔직히 말해 나는 아주 단순한 지각 이상의 것이 있으리라고는 생각지 않는다.[11] 그러나 윤리 철학적 성향을 지닌 사려 깊은 수벌(여왕벌과 일벌은 생각할 여가가 없다)이 스스로 가장 순수한 직관적 도덕주의자라고 고백하는 장면을 상상해보고 싶다. 수벌은 일벌이 겨우 생존의 보상을 받고 평생 끊임없이 일을 하는 것은 개명된 이기심이나 공리주의적 동기와 같은 개념을 통해 설명할 수 없다는 사실을 매우 공정하게 지적할 것이다. 이는 일벌들이 자신이 부화된 방에서 나올 때부터 경험이나 생각이 없어도 일을 시작하기 때문이다. 분명 일벌만이 고유하게 지니는 영원불변한 원리가 유일하게 이러한 현상을 설명할 수 있을 것이다. 하지만 한 생물학자가 홀로 생활하는 벌과 집단생활을 하는 벌 사이의 모든 점진적 변화의 단계를 탐색했는데, 집단생활을 하는 벌들에게 잘 나타나는 완벽한 자동 메커니즘은, 장기간의 끊임없는 변이과정에서 홀로 생활하는 벌들의 후손에 가해진 생존경쟁의 압박을 통해 단련된 것이라고 분명하게 밝히고 있다.

10.

　　나는 원시시대의 인류사회가 벌 사회처럼 조직적 필요성에서 이루어진 산물이었다는 점을 의심할 이유는 없다고 생각한다.[12] 우선 인간의 가족은, 집단의 규모가 비교적 작은 동물들이 유사한 연합을 이루어야 하는 조건과 바로 똑같은 조건하에서 형성된다. 나아가 가족의 결속 기간이 늘어날 때마다 더 많은 후손들이 안전과 방어를 위해 서로 협력하게 되며, 이렇게 변화를 하는 가족은 다른 가족에 비해 확연히 유리한 위치를 점하게 된다. 또 꿀벌사회에서처럼 가족 성원들 사이의 생존경쟁이 점차 제한되어 외부집단과의 경쟁에서 효율성이 증가한다.

　그렇지만 꿀벌사회와 인류사회 사이에는 거대하고 근본적인 차이가 존재한다. 꿀벌사회에서는 구성원들이 각자 한 가지 특정한 직무만을 수행하도록 조직적으로 미리 결정되어 있다. 만일 그들이 욕망을 지니고 있다면 모두 조직이 특별하게 부여한 일을 수행하려고 하는 욕망일 것이다. 공익을 고려할 때 그렇게 하는 것이 마땅하기 때문이다. 새로운 여왕벌이 출현하지 않는 한 꿀벌사회에서 대항과 경쟁은 일어나지 않는다.

　그와 달리 인류사회는 조직상에서 뚜렷하게 규정된 직무가 미리 결정되어 있지 않다. 인간 개개인의 지능, 감정, 감각의 차이가 아무리 크다 하더라도, 어떤 사람은 조직상에서 다른 일은 부적합하고 오로지 농사 일만이 적합하며, 또 어떤 사람은 오로지 지주 일만이 적합하다고 말할 수는 없다. 또 천부적 자질이 매우 다름에도 불구하고 사람들이 모두 일치하는 것이 하나 있는데, 그것은 바로 즐거움을 향유하고 생활의 고통을 피하려는 천부적 욕망을 지니고 있다는 점이다. 간단히 말하면, 그들이 살고 있는 사회의 행복과 무관하게 자신들이 즐거워하는 일을 하고 싶어 한다는 것이다. 이것은 인류 조상의 오랜 계보 즉 인간-원인-금수 시절부터 계승되어온 유산(원죄론의 근간이 되는 사실)으로, 자기주장[12]을 하는 이 천부적인 추동력이 바로 인류가 생존경쟁에서 승리하는 조건이 되었다.[13] 이것이 모든 인류가 갈망(즐거움에 대해 만족할 줄 모르는 갈증)을 지니고 있는 이유이며, 외부의 자연 상태와 벌이는 전쟁에서 승리하기 위한 필수적인 조건 가운데 하나이다. 하지만 이것을 자유롭게 발산하도록 내버려두었을 때 바로 사회를 파괴하는 확실한 동력이 될 수 있다.

　자기주장의 자유로운 발산이나 천부적인 자유를 억제하는

---

12) 헉슬리는 자기주장(self-assertion)이 자연 상태에서 인간사회로 진화하기 위한 원동력이라고 승인하지만, 인간사회가 윤리적 사회로 더욱 진화하기 위해 반드시 제약되어야 하는 자연 상태의 속성이라고 인식하고 있다.

일은 인류사회가 탄생하기 위한 필수적인 조건이지만, 이는 꿀벌사회가 의존하는 것과는 성격이 다른 조직적 필요성의 산물이라고 할 수 있다. 이것들 가운데 하나가 인간의 긴 유년시절을 통해 강화된 부모와 자식 사이의 상호 애정이다. 하지만 그중 가장 중요한 것은 다른 사람의 행동과 감정을 유사하게 혹은 연관되게 재현하려는 경향으로, 이는 인간에게 아주 강하게 발달되어 있는 특징이다. 인간은 동물계의 모든 모방자 가운데 가장 유능한 존재이다. 인간만이 그림을 그리고 모형을 만들며, 소리 모방의 범위·다양성·정확도 면에서 인간을 따라올 자가 없고, 몸짓 흉내에 있어서도 인간만큼의 고수가 없는데, 인간은 그 자체의 순수한 즐거움을 위해 모방을 재촉하는 듯하다. 또 인간만큼 감정 변화가 풍부한 동물이 없다. 우리는 마음의 순수한 반사 작용을 통해 주위 사람들의 열정의 색채 혹은 그것을 보완할 수 있는 색깔을 느낄 수 있다. 이른바 공감이라 부르는 마음 상태가 항상 생기는 것은 의식적으로 유쾌하거나 괴로운 "다른 사람의 마음속으로 들어가는" 활동을 통해서가 아니다.[14] 실제로 공감은 개개인의 정의감과 종종 대립하며, 또 개개인의 의지와 상관없이 "공감은 우리를 이상하리만치 친절하게 만들거나" 혹은 그 반대의 상황에 처하게 한다. 전설 속의 현자는 냉정하고 지적인 태도로 대중의 여론에 전혀 아랑곳하지 않을 수 있지만, 나는 아직 완전히 평온한 태도로 세상이 표출하는 적대감을 받아들이는 어떠한 현자도 만나본 적이 없다. 실제로 거리의 소년이 자신을 진심으로 경멸하고 있다는 사실을 알고도 화를 내지 않는 철학자가 현재나 과거에 존재한 적이 있는지 의문스럽다. 하만이 모드르개를 매우 높은 교수대에 매달아 처형하려 한 것은 누구도 정당화할 수 없는 일이지만, 아하수에로[13] 왕의 총리인 하만이 궁궐 문을 출입할 때 미천한 유대인인 모드르개가 예의를 표하지 않은 일은 틀림없이 그를 불쾌하게 만들었을 것이다.[15]

우리 주위를 둘러보기만 하면 인간의 반사회적 성향을 억제하는 최고의 기제는 법률이 아니라 동료들의 여론에 대한 두려움이라는 점을 알 수 있을 것이다. 명예의 전통은 법률, 도덕 그리고 종교적 결속을 깨뜨리는 자들을 제어할 수 있다. 또 사람들은 목숨을 끊기보다 차라리 극도의 육체적 고통을 견디

---

13) 아하수에로(Ahasuerus)는 구약성경 에스더서에 나오는 왕의 이름으로 인도에서 에티오피아에 이르기까지 광활한 지역을 다스린 페르시아 제국의 황제이다. 하만 (Haman)은 아하수에로 왕의 대신이었다. 그는 모든 사람이 자기에게 존경을 표하는데 모르드개(Mordecai)만 자기에게 존경을 표하지 않자 화가 나서 모르드개를 포함한 유대인들을 죽이고자 하는 음모를 꾸몄다. 그러나 그의 음모는 수포로 돌아가고, 도리어 모르드개를 달아 죽이려던 나무에 자신이 매달려 죽고 그의 아들들도 몰살당하였다.

고자 하지만, 수치심은 매우 유약한 사람들을 자살로 내몰 수 있다.

사회의 발전이 매 단계 진전될 때마다 사람들은 자신의 동료와 더욱 절친해지며, 공감에서 연원하는 즐거움과 고통의 중요성이 증가한다. 우리는 다른 사람의 행동을 우리 자신의 공감으로 판단하고, 우리 자신의 행동은 다른 사람의 공감으로 판단한다. 이러한 과정은 매일 하루 종일 벌어지고, 어린 시절부터 시작하여, 어떠한 행동과 그에 대한 찬반의 감정 사이의 연계가 언어처럼 불가분의 상태가 될 때까지 지속된다. 어떤 행동이 행위자 자신이든 아니면 다른 사람이든 간에 누군가의 찬성이나 반대를 받지 않는 일은 상상할 수가 없다. 우리는 이미 습득한 윤리적 언어를 통해 사유하고 있다. 그래서 우리 내부에는 자연적 인격뿐만 아니라 인위적 인격 즉 아담 스미스가 양심이라고 부른 '내면적 인간(man within)'이 형성되어 있다.[16] 그는 사회의 수호자로서, 공익이 요청하는 범위 안에서 자연인의 반사회적 성향을 제한하는 책임을 지고 있다.

11.

이러한 감정은 인류사회에 광범위하게 형성된 원시적 결속으로부터 우리가 양심이라 부르는, 조직화되고 인격화된 공감으로 진화해온 것인데, 나는 이러한 감정의 진화를 윤리 과정이라고 불렀다.[17] 자연 상태나 다른 사회와의 생존경쟁에서 인류사회를 더욱 효율적으로 만들 수 있는 한, 윤리 과정은 우주 과정과 조화로운 대조를 이루며 작동할 것이다. 그러나 법률과 도덕이 사회 속 인간들 사이의 생존경쟁을 제한하기 때문에, 윤리 과정이 우주 과정의 원리와 대립하고 생존경쟁에 제일 적합한 특성을 억제하는 경향이 있다는 점 역시 사실이다.[18]

나아가 다음과 같은 점을 살펴볼 수 있다. 자기 주장은 자연 상태에 대항하여 사회를 유지하는 데 필수적이지만, 사회 안에서 자유롭게 발산하도록 내버려둔다면 사회를 파괴할 수 있다. 그래서 자기 억제가 윤리 과정의 본질이며, 정치체제의 존립을 위한 필수적 조건이 된다. 하지만 이 역시 지나칠 경우 사회를 파멸시킬 수 있다.

어느 시대든 신앙을 가진 도덕주의자들은 이상적 사회 속의 인간 상호 간의 관계에만 주의를 기울이지만, "내가 받고 싶은 대로 타인에게 베풀어주어라"라는 '황금률'에 대해서는 모두 동의하고 있다. 다른 말로 하면, '동정심이 너의 안내자가 되게 하라', '너의 행동이 관계하는 그 사람의 입장에서 처신을 하라', '그러한 상황에 처했을 때 네가 너 자신에게 해주고 싶어 하는 바를 타인에게 해주어라' 라는 것이다. 사람들이 그러한 행동 규율의 관대함에 대해 아무리 숭배하고, 또 보통 사람들은 충분한 논리적 결과를 얻을 때까지 이 규율을 실천하지 못할 것이라고 아무리 확신하더라도, 반드시 인정해야 할 사실이 있다. 즉 이 세계에 이미 존재하거나 혹은 발생 가능하다고 생각되는 어떠한 조건하에서, 황금률의 결과가 시민국가의 존립과 양립할 수 없다는 점이다.

왜냐하면 모든 범죄자의 최고 소망은 분명 그의 행동이 빚은 고통스런 결과에서 도피하는 것이라고 생각하기 때문이다. 만일 나 자신을 내 재산을 훔친 사람의 입장에 처하게 한다면, 벌금을 내지 않거나 감옥에 가지 않으려는 과도한 욕망을 지닌다는 점을 발견하게 될 것이다. 또 나의 한쪽 뺨을 때린 사람의 입장에 처하게 된다면, 그 벌로 다른 쪽 뺨을 맞는 것 이상의 더 나쁜 결과가 일어나지 않기를 기대할 것이다. 엄격하게 보자면, '황금률' 은 범죄자에 대한 법 집행을 거부함으로써 법을 부정하는 결과를 초래하며, 또 정치체제의 외부관계로 볼 때 이것은 지속적인 생존경쟁을 부정하는 일이다. 부분적이나마 황금률이 지켜지기 위해선 사회의 보호가 있어야 하며, 그 사회는 황금률에 매달려서는 안 된다. 그러한 보호가 없다면, '황금률'의 추종자들은 아마도 하나님에게 희망을 걸게 될 테지만, 다른 사람들도 이 세계의 주인이 될 수 있다는 필연적인 사실을 고려해야 할 것이다.

만일 정원사가 잡초, 달팽이, 새, 침입자 모두를 대할 때, 그들의 입장에 서서 마치 그가 누군가로부터 대접받고 싶은 방식대로 일을 처리한다면, 정원은 장차 어떻게 될 것인가?

12.

앞의 몇 절에서 나는 자연 상태와 그것을 생성한 우주 과정의 본질적 특징에 대해, 논쟁에 필요한 범위 안에서 폭넓게 (하지만 충실하기를 바라면서) 요약하려고 노력했다. 나는 정원을 예로 들면서, 자연 상태와 인간의 지능 및 에너지로 생성된 인공 상태를 대비하였다. 또 인공 상태는 어느 곳에서든 자연 상태의 적대적 영향에 대해 끊임없이 대응할 때 비로소 유지될 수 있다고 증명하였다. 나아가, '우주 과정'에 대항하여 조성된 '원예 과정'은 원리상에서 우주 과정과 대립하는데, 생존경쟁을 억제하기 위하여 그러한 투쟁이 일어난 주요 원인 가운데 하나인 번식을 제한하고, 재배 식물의 성장에 있어서 자연 상태의 조건보다 더 적합한 인공 조건을 창조한다고 지적하였다. 또 자연 상태에서 일어나는 생존경쟁의 결과인 점진적 변화가 멈추더라도, (자연 상태에서는 알 수 없는) 인간의 유용성 혹은 즐거움의 이상을 추구하기 위한 선택을 통해 여전히 변화가 일어난다는 사실을 설명하였다.

더 나아가 나는 자연 상태의 땅에 건립된 식민지가 정원과 매우 유사하다고 논증하였다. 또 원예의 원리를 실현할 능력과 의지가 있는 행정장관이 채택한 방침은, 새롭게 조성된 정치체제의 성공을 보장하기 위해 무한히 확대될 수 있다고 가정된다는 점을 지적하였다. 하지만 이와 반대된 상황에서는 반드시 난관이 발생하게 되는데, 즉 제한된 범위를 넘어 인구가 무한히 증가하면 곧 식민지 내부에 생존자원을 획득하기 위한 투쟁이 주민들 사이에 다시 벌어져, 행정장관이 제거하려고 했던 생존투쟁이 오히려 사회 구성원의 통합을 위한 최고 조건인 공동 평화 정착에 치명적으로 작용할 것이라는 점에 대해 설명하였다.

나는 식민지의 존립을 위협하는 이러한 병폐를 치료할 수 있는 유일한 방법에 관해 간략히 서술하였다. 그리고 아무리 유감스럽더라도, 진화 원리를 인간사회에 적용한 이 엄격한 과학 방법이 실제 정치영역에서 사용되기 힘들다는 점을 인정하지 않을 수 없었다. 이는 대다수의 사람들이 의지가 부족해서가 아니라, 최적자를 선택하기에 충분한 지능을 갖춘 인간을 기대할 수 없다는 한 가지 이유 때문이었다. 또 동일한 결론에 도달한 다른 이유에 대해서도 논증하였다.

나는 인류사회가 모방과 공감으로 표현되는 조직적 필요성에 의해 생겨났으며, 자연 상태 및 자연 상태의 일부인 다른 사회와의 생존경쟁에서 구성원들의 협력이 돈독한 사회는 커다란 장점으로 작용한다고 지적했다.[19] 그러나 개개인의 능력이 다른 사람들과 별 차이가 없고, 특히 무한히 자기만족을 추구하는 욕망을 완전히 공유하고 있기 때문에, 사회 내부의 생존경쟁은 점차적으로 제거될 수 있을 뿐이다. 그러한 상황이 지속되는 한, 사회는 계속 생존경쟁이 일어나는 불완전한 상태가 되어, 결과적으로 생존경쟁의 선택작용을 통해 개선될 수밖에 없다. 다른 조건이 서로 비슷하다면, 질서가 완전히 유지되고 종족 내부가 가장 안정적이며 외부 종족과의 상호 지원이 가장 충실하게 이루어지는 야만족이 바로 생존자가 될 것이다.

사회의 결속이 점차적으로 강화되면 사회 내부의 생존경쟁이 억제되기는 하지만, 우주투쟁 속에서 사회가 공동체로 발전할 수 있는 기회를 일정 정도 증진시킬 수 있는데, 나는 이것을 윤리 과정이라고 불렀다. 나는 윤리 과정이 모든 사회 구성원들에게 생존자원을 공평하게 분배하는 수준까지 발전할 때, 사회 내부 구성원 사이의 생존경쟁이 사실상 사라지게 된다고 역설하였다. 또 가장 문명화된 사회들이 실제로 이 수준에 도달했기 때문에, 그들에게 있어서는 생존경쟁이 내부에서 중요한 역할을 하지 못한다.[20] 바꿔 말하면, 자연 상태에서 발생하는 그런 종류의 진화가 일어날 수 없다는 것이다.

나아가 나는 정원사와 사육사가 행하는 것과 같은 직접 선택이 사회 진화에서 어떤 중요한 역할을 수행한 적도 없고 수행할 수도 없을 것이라고 믿는 이유에 대해 설명하였다. 다른 요인은 차치하더라도, 사회를 유지하는 결속력이 심각하게 약화되거나 파괴될 수 있는 상황이 아니라면 그런 선택이 실행될 수 없다고 인식하기 때문이다. 나는 다음과 같은 사람들로부터 충격을 받았다. 적극적이든 수동적이든 약자, 불행인, 잉여인간을 멸절시키는 데 익숙한 사람들, 그런 행동을 우주 과정이 허용한 것이며 인종의 진보를 보증하는 유일한 길이라고 정당화하는 사람들, 그런 생각을 일관되게 한다면 틀림없이 의학을 마술 속에 위치시키고 의사를 부적자에 대한 사악한 보호자로 인식할 사람들, 결혼 약속을 할 때 종마의 번식 원리를 주요하게 생각하는 사람들이 바로 그러하다. 그러한 사람들에게는 인생이 자연스런 애정과 공감을 억제하는 고상한 기술의 습득 과정이기 때문에, 사회구성에 필수적인 애정과 공감이 남아 있을 가망성은 없다. 이런 마음들이 없다면 양심도 사라지고 인간의 행동에 어떠한 제약도 가할 수 없으며, 단지 자기 이익을 계산하거나 불확실한 미래의 고통에서 벗어나 확실한 현재의 만족을 찾는 일만 남을 것이다. 하지만 경험은 우리에게 이런 마음들이 얼마나 가치 있는 것인지 알려준다. 우리는, 신학상의 지옥에 대해 확고한 믿음을 지니는 신도들이 영구히 지속될 징벌을 받을 만한 행위를 냉정하게 범하는 경우를 매일 보게 되지만, 오히려 이들은 동료들의 공감에서 벗어나는 일을 하려고 하지 않는다.

13.

'사회 진화'라는 이름으로 통용되는 문명의 점진적 변화는 사실 자연 상태에서 종의 진화를 일으키는 과정이나 인공 상태에서 변종의 진화를 일으키는 과정과 본질적으로 다른 성격의 과정이다.

튜터 왕조[14] 이래로 영국 문명에 거대한 변화가 발생했다는 점은 의심할 수 없는 사실이다. 그러나 나는 이러한 진화 과정이 그 왕조 백성들의 신체적 혹은 정신적 변화를 일어나게 했다는 결론에 유리한 어떤 증거도 알지 못한다. 또 오늘날의 평균적 영국인들이 셰익스피어[15]가 알았거나 묘사했던 사람들과 확연히 다르다고 생각할 만한 어떠한 이유도 아직 접하지 못했다. 우리는 엘리자베스 시대[16]를 묘사한 셰익스피어의 마술 거울을 통해 우리 자신의 모습을 분명하게 볼 수 있을 것이다.

엘리자베스 시대에서 빅토리아 시대[17]에 이르는 3세기 동안 인간 사이의 생존경쟁은 대다수의 인구 속에서 광범위하게

---

14) 튜더 왕조(Tudor dynasty, 1485~1603)는 잉글랜드 왕국(1485~1603)과 아일랜드 왕국(1541~1603)을 다스렸던 군주 다섯 명을 배출한 왕조를 말한다. 전반적으로 튜더 출신 군주들의 통치 덕분에 그전까지 유럽의 바다 건너 약소국이었던 영국은 훗날 세계를 주름잡게 되는 대영제국으로 거듭날 수 있었다. 특히 문화사 방면에서는 엘리자베스 1세의 치세기간을 특별히 '엘리자베스 왕조'라고 부르는 경우가 많다.
15) 셰익스피어(William Shakespeare, 1564~1616). 영국의 극작가이자 시인, 극작가. 주요작품으로 4대 비극인 『로미오와 줄리엣』, 『베니스의 상인』, 『햄릿』, 『맥베스』가 있다.
16) 영국 여왕 엘리자베스 1세(Elizabeth Ⅰ, 1533~1603)가 통치하던 시대로, 이 시대에 영국은 무적함대 스페인을 격파하며 유럽 최강의 해상강국으로 급부상하면서 영광의 시대를 개막하게 된다.
17) 영국의 빅토리아(Alexandrina Victoria, 1819~1901) 여왕이 통치하던 시대로, 이 시대는 영국 역사에서 산업 혁명의 경제 발전이 성숙기에 도달하여 대영 제국의 절정기로 간주되고 있다.

(한두 차례의 짧은 내전 시기를 제외하고) 규제되어 거의 아무런 선택 작용도 할 수 없었다. 직접 선택에 비견할 만한 어떤 일은 아주 작은 규모로 실행되어 무시할 수 있을 정도였다. 형법은 법 조항을 위반하는 사람에 한해 사형을 하거나 장기간 수감을 하여 유전적인 범죄 성향이 전파되지 못하게 하고, 빈민 구제법은 가난이 유전적인 기질의 결함에서 비롯되는 부부들에 한해 격리시켜놓았다. 두 법이 죄를 짓지 않으면서 비교적 능력 있는 사회 구성원들에게 유리한 선택 작용을 한다는 점은 의심의 여지가 없다. 그러나 두 법이 영향을 끼칠 수 있는 인구의 비율은 매우 작아, 대체로 유전적 범죄자와 유전적 극빈자는 법의 통제를 받기 전에 이미 자신의 종을 증식시켜나갔다. 대부분의 경우 범죄와 극빈은 유전과 아무런 관련이 없다. 그것은 부분적으로 환경에 의한 결과이며 또 부분적으로 다른 생활 조건하에서라면 존중을 받거나 심지어 숭배될 수 있는 특질에서 비롯된 결과이다. 하수의 오물 문제를 토론할 때 오물은 잘못된 장소에 있는 재물이라고 지적하는 사람은 현명하다고 할 수 있는데, 이 정확한 격언은 도덕적 차원에서도 적용될 수 있다. 자비와 관대함은 부자를 돋보이게 할 수 있지만 가난한 사람을 더욱 극빈하게 만들 수도 있다. 또 성공한 군인에게 명성을 가져다 준 힘과 용기, 위대한 금융가에게 부

를 가져다 준 냉정함과 대담함도 우호적이지 않은 조건하에서는 아주 쉽게 그들을 교수형에 처하게 하거나 혹은 감옥에 갇히게 할 수 있다. 게다가, '실패자'의 아이들은 모든 차이를 만드는 성격상의 작은 변화를 실패자가 아닌 그들의 다른 부모로부터 받으려고 할 가능성이 매우 크다. 나는 때때로 부적자를 근절시키는 일을 매우 가볍게 얘기하는 사람들이 정작 그들 자신의 역사에 대해 냉정하게 사고한 적이 있는지 의심스러워진다. 분명, 어떤 사람은 한 차례일지 아니면 두 차례일지 알 수 없지만, 실패를 겪어도 아주 쉽게 '부적자' 사이에서 적합자의 지위를 차지하여, 최적자가 되는 경우가 틀림없이 있을 것이다.

나는 신체, 지능, 도덕상에서 우리 민족의 고유한 특성이 근본적으로 지난 4~5세기 동안 그대로 유지되어왔다고 믿는다. 만일 생존경쟁이 우리에게 극심한 영향을 끼쳤다면(나는 이 점도 의심스럽지만), 그것은 다른 국가의 군사 및 산업 전쟁을 통해 간접적으로 작용했을 것이다.

14.

　　흔히 말하는 사회 속의 생존경쟁이라는 것(나는 이 말을 너무 느슨하게 사용해왔다고 자백하는 바이다)은 생존 자원이 아니라 향락 자원을 얻기 위한 경쟁이라고 할 수 있다. 이러한 실제적인 경쟁시험에서 최상위를 점하는 사람들은 부자와 권력자들이며, 실패한 사람들은 다소간 열등한 위치에 처하여 극빈자와 범죄자라는 누추하고 미천한 신분으로 전락한다. 가장 관대한 평가에 근거하더라도 나는 전자의 집단이 인구의 2%도 점하지 못할 것이라고 추측한다. 또 후자의 집단이 인구의 2%를 초과할지 의심스럽지만, 논쟁을 위해 5%에 달한다고 가정해보자.[21]

오직 이 5%에 해당하는 집단에서만 자연 상태 속의 생존경쟁에 비견될 만한 어떤 일이 발생할 수 있고, 수많은 남성, 여성, 어린아이가 속도의 차이는 있지만 기아로 사망하거나 혹은 장기간의 열악한 생활 조건에서 기인하는 질병으로 사망한다. 또 높은 유아 사망률에도 불구하고 죽기 전에는 그들의 번식을 막을 방법이 없기 때문에 그들은 부자보다 인구가 빨리 증가한다. 하지만 이 계층 사이에서 벌어지는 생존경쟁은 나머지 95%의 인구에 대해 별다른 영향을 끼치지 못한다.

대체 어떤 양 사육자가 천 마리의 양 가운데 가장 열등한 50

마리를 골라 가장 약한 양이 죽을 때까지 불모지에 버려두었다가, 생존한 양들을 다시 우리에 넣어 나머지 양들과 섞어놓아야 만족해한다는 말인가? 그리고 이 비유는 인간사회에 적용하기에는 지나치게 편향적이다. 대부분의 경우 정말로 가난한 사람과 유죄가 선고된 범죄자는 가장 약한 자도 아니고 가장 열등한 자도 아니기 때문이다.

향락 자원을 획득하기 위한 투쟁에서 성공을 보장해주는 특성들은 활력, 근면, 지능, 강인한 의지 그리고 동료들의 감정을 이해하는 데 필요한 최소한의 공감이다. 인위적으로 바보와 악한을 그들의 자연스런 위치인 하층에 내려보내지 않고 사회의 상층에 머물게 하는 정책만 시행하지 않는다면, 향락 자원을 획득하기 위한 경쟁은 사회의 다양한 계층을 하층에서 상층으로 그리고 상층에서 하층으로 끊임없이 순환하게 만들 것이다.[22] 이러한 경쟁의 생존자들은 지속적으로 사회의 대다수를 형성하는데, 그들은 최상층에 도달한 '최적자'가 아니라 바로 중간 정도의 적응력을 지닌 '적자'이다. 그들은 인구 수와 우수한 생식능력을 통해 항상 예외적으로 타고난 소수자를 압도할 수 있다.

사회의 내적 이익을 고려하든 외적 이익을 고려하든 간에, 분명한 점은 활력과 근면성, 지능, 강인한 의지를 가장 잘 갖추고 있으면서 동시에 공감이 결여되어 있지 않은 사람들의 손에 부와 권력이 들어가는 게 바람직하다는 것이다. 향락 자원을 획득하기 위한 경쟁에서 그러한 사람들이 부와 권력의 자리를 차지하는 추세라면, 그것은 사회의 공익에 이바지하는 과정이라고 할 수 있다. 그러나 이 과정은 우리가 보아온 것처럼, 생명체를 자연 상태의 현재 조건에 적용시키는 과정이니 정원사의 인위적 선택과는 어떠한 유사성도 없다.

15.

다시 한 번 정원을 가꾸는 일의 비유로 돌아가 보자. 현대 세계에서는 인간 자신에 의한 인간 개조작업은 실제로 제한되어 있어서 직접적인 선택을 행할 수 없다. 그러나 정원사의 또 다른 직무인 자연 상태보다 더 우호적인 조건을 창조하는 일은 허용되는데, 그 목적은 사회의 공익과 일치하는 한도 내에서 시민의 천부적 능력을 자유롭게 발전시키기 위해서이다. 나는 윤리학자와 정치철학자의 임무가, 다른 과학 분야에서 사용되는 관찰 실험 그리고 추론의 방법을 통해, 이러한 목적을 가장 잘 실현할 수 있는 행동 방침을 확정하는 일이라고 생각한다.

그러나 이러한 행동 방침이 과학적으로 결정되고 세심하게 관철된다고 가정하더라도, 자연 상태 속의 생존경쟁을 종결시킬 수 없으며, 또 어떤 방식이라도 인간이 자연 상태에 적응할 수 있도록 해주는 것은 아니다. 설령 인류 전체가 '절대적인 정치적 정의'가 지배하는 하나의 거대한 정치체제 안에 흡수되더라도, 그 사회 외부에 있는 자연 상태와의 생존경쟁 및 과잉 번식의 결과로 사회 내부의 경쟁이 재발하는 성향은 여전히 남아 있을 것이다. 만일 자연 상태 속에서 싸움을 잘했던 조상으로부터 물려받은 인류의 유산(원죄)이, 현재 알려지지 않았거나 적어도 초자연주의를 불신하는 사람들에게 알려지지 않은 어떠한 수단을 통해 뿌리 뽑히지 않는다면 이 세상에 태어난 모든 아이들은 여전히 자기주장을 내세우는 무한한 본능을 간직하게 될 것이다. 이 때문에 아이들은 자기억제와 극기를 배워야 할 것이다. 하지만 자기억제와 극기를 실천하는 것은 결코 행복한 일이 아니다. 비록 그것이 행복보다 더 좋은 가치라 하더라도 말이다.

'정치적 동물'로서 인간이 교육, 지도 그리고 생활 조건의 개선을 위한 지능의 응용을 통해, 거대한 진보를 이룰 수 있다는 점에 대해 나는 추호의 의심도 하지 않는다. 그러나 인간이 지적 혹은 도덕적 차원에서 실수를 범할 가능성이 남아 있고,

인간과 목표가 다른 우주적 힘을 영원히 물리쳐야 하고, 지워지지 않는 기억과 희망 없는 포부에 짓눌려 있으며, 지적 한계의 자각을 통해 인간이 생존의 비밀을 통찰하는 데 무능하다는 사실을 깨닫는 한, 근심 없는 행복을 얻으려 하거나 혹은 먼 미래에라도 완벽한 상태를 이루려고 기대하는 것은 언제나 초라한 인간의 눈앞에 어른거리는 미혹된 환상이라고 생각한다. 그리고 많은 사람들이 여전히 이러한 상태에 빠져 있다.

인류 앞에 놓여 있는 것은 자연 상태에 대항하여 조직화된 정치체제라는 인공 상태를 보존하고 진보시키기 위한 끊임없는 투쟁이다. 이러한 투쟁 속에서 그리고 이러한 투쟁을 통해 인간은 가치 있는 문명을 발전시킬 수 있다. 문명은 스스로를 보존하고 끊임없이 개선하는 과정을 지구의 진화가 하향길에 접어들 때까지 지속할 것이다. 하향하기 시작하는 때가 되면 우주 과정이 지배권을 회복하여 다시 한 번 자연 상태가 우리 행성의 표면에서 우세를 점하게 될 것이다.

주

1. 「백악 한 조각에 대하여」, 『논문집』 제8권, 1쪽 참고

2. 모든 진화이론은 진보적 발전과 일치해야 할 뿐만 아니라 동일한 조건에서의 무한한 지속 및 퇴보적 변형과도 모순이 없어야 한다는 것은 1862년부터 현재에 이르기까지 내가 반복적으로 주장한 점이다. 『논문집』 제2권, 461-489쪽 및 『논문집』 제3권, 33쪽 참고. 「지질 동시성과 지속 유형」(1862)에 관한 강연에서 나는 이 논제에 대한 생물학적 증거를 처음으로 제출했다고 생각한다.

3. 「동물 왕국과 식물 왕국 사이의 경계에 대하여」, 『논문집』 제8권, 162쪽

4. 「생물학에서의 진화」, 『논문집』 제2권, 187쪽 참고

5. 『논문집』 제2권

6. 『논문집』 제4권, 138쪽. 『논문집』 제5권, 71-73쪽

7. '예술(Art)'이란 말의 의미는 점점 협소해져, '예술작품(work of Art)'은 대부분의 사람들에게 그림, 조각 혹은 세공품을 의미한다. 하지만 그 보상으로 'artist'란 말은 넓은 의미로 쓰여, 화가나 조각가 이외에 요리사와 발레리나를 포함한다.

8. 「자연에서의 인간의 위치」, 『논문집』 제7권 및 『인류사회에서의 생존투쟁에 대하여』(1888) 참고

9. 그렇지 않으면 더 간단한 예를 들어보자. 한 사람이 실의 양 끝을 쥐고 끊기 위해 서로 당길 때, 오른팔은 분명 왼팔에 대항하기 위해 힘을 쓴다. 그러나 두 팔의 힘은 모두 동일한 원천에서 오는 것이다.

10. 이러한 사회의 개념이 반드시 진화 관념에 기반해야 하는 것은 아니다. 플라톤의 국가 개념이 이 점을 증명하고 있다.

11. 「동물의 자동성」, 『논문집』 제1권. 「서문」, 『논문집』 제5권, 45쪽

12. 「서문」, 『논문집』 제5권, 50-54쪽

13. 「로마니즈 강연」 주7 참고

14. 아담 스미스는 분만 중인 여성을 공감하는 남성은 스스로 여성

의 위치에 서서 그러한 감정을 가진 것이라고 할 수 없다는 점을 통찰하였다.(『도덕감정론』 제7편, 3부, 1장) 하지만 이런 사례는 설득력보다 웃음을 자아낼지 모른다. 이러한 사례나 동일한 취지의 다른 관찰에도 불구하고, 걸출한 이 저서에 나타나는 하나의 결점은 의식적 이입을 지나치게 강조하고 순수한 반성적 공감에 대해 소홀히 취급하는 것이라고 생각한다.

15. 『에스더서』 9~13권에서 "……하만이 왕궁 입구에서 일어서지도 않고 그에게 예의도 갖추지 않는 모르드개를 보았을 때, 그는 모르드개에게 굉장히 화가 났다. …… 하만은 그들에게 자신의 영광스런 재산 …… 그리고 국왕이 자신을 격려했던 모든 것에 대해 말했다. …… 그러나 왕국 입구에 앉아 있는 유대인 모르드개를 보고 있으면 이 모든 것이 내게 아무런 소용이 없다"라고 말한다. 이 일은 인간의 나약성을 얼마나 예리하게 드러내고 있는가!

16. 『도덕감정론』 제3부 3장, 「양심의 영향력과 권위에 대하여」

17. 근대 진화 학설이 출현하기 오래전에 윤리 과정의 본질적 특성은 주로 하틀리와 아담 스미스에 의해 밝혀졌다. 「프롤레고메나」 주 22 참고

18. 「인류 사회에서의 생존투쟁에 대하여」 및 『논문집』 제1권, 276

쪽의 칸트가 이러한 사실들을 승인한 점 참고

19. 「서문」, 『논문집』 제5권, 52쪽 참고

20. 자연 상태와의 생존투쟁 및 자연 상태에 처해 있는 다른 사회들과의 생존투쟁이 현대사회에 선택적 영향을 끼치는지의 문제, 그리고 어떠한 방향에서 영향을 끼치는지의 문제는 대답하기 쉽지 않은 질문이다. 군사 및 산업상의 전쟁이 그것을 수행하는 사람들에게 끼치는 영향의 문제는 매우 복잡하다.

21. 이 논문집의 마지막 글을 읽은 이들은 이러한 사람들(그 수가 많든 적든)의 생존에 수반되는 죄악을 감소시키려는 나의 바람을 비난하지 않을 것이다.

22. 나는 다른 곳에서 무능한 자들을 배려하는 기구가 사회에 부재한 점을 개탄한 적이 있다. 「행정 허무주의」, 『논문집』 제1권, 54쪽, 30쪽 각주 참고. 요즘 사람들은 하틀리를 무시하는 경향이 있는 듯하다. 하지만 한 세기 반 전에 이미 하틀리는 지적, 도덕적 진화 이론의 기초를 닦아놓았을 뿐 아니라 그 이론의 틀도 만들어놓았다. 하틀리는 내가 윤리적 과정이라고 부른 것을 "이기(self-interest)에서 극기(self-annihilation)로 진보하는 과정"이라고 명명하였다.(『인간에 대한 관찰』(1749), 제2권, 281쪽)

진화와 윤리 고전오디세이 01

개정판 1쇄 발행 2021년 1월 15일

지은이 토마스 헉슬리
옮긴이 이종민
펴낸이 강수걸
편집장 권경옥
편집 박정은 윤은미 강나래 최예빈
디자인 권문경 조은비
펴낸곳 산지니
등록 2005년 2월 7일 제333-3370000251002005000001호
주소 부산시 해운대구 수영강변대로 140 BCC 613호
전화 051-504-7070 | 팩스 051-507-7543
홈페이지 www.sanzinibook.com
전자우편 sanzini@sanzinibook.com
블로그 sanzinibook.tistory.com

ISBN   978-89-6545-696-4 04100
         978-89-6545-169-3(세트)

* 책값은 뒤표지에 있습니다.
* 이 도서의 국립중앙도서관 출판예정도서목록(CIP)은 서지정보유통지원시스템
홈페이지(http://seoji.nl.go.kr)와 국가자료공동목록시스템(http://www.nl.go.kr/
kolisnet)에서 이용하실 수 있습니다.(CIP제어번호: CIP2020055232)

한 권으로 읽는 중국문화 공봉진 · 이강인 · 조윤경 지음 *2010 문화체육관광부 우수학술도서

무중풍경 다이진화 지음 | 이현복 · 성옥례 옮김 *2006 영화진흥위원회 학술도서 *2009 대한민국
학술원 우수도서

단절 쑨리핑 지음 | 김창경 옮김 *2007 한국간행물윤리위원회 11월의 책 *2008 대한민국학술원 우수
도서

한나 아렌트와 마틴 하이데거 엘즈비에타 에팅거 지음 | 황은덕 옮김

진화와 윤리 토마스 헉슬리 지음 | 이종민 옮김

파멸의 묵시록 에롤 E. 해리스 지음 | 이현휘 옮김

표절의 문화와 글쓰기의 윤리 리처드 앨런 포스너 지음 | 정해룡 옮김

사회생물학, 인간의 본성을 말하다 박만준 외 지음 *2008 문화체육관광부 우수학술도서

KNOTS: Depression 라깡과 임상 연구센터 지음

정신분석적 발달이론의 통합 필리스 타이슨 · 로버트 타이슨 지음 | 박영숙 · 장대식 옮김

반대물의 복합체 헬무트 크바리치 외 지음 | 김효전 옮김

동양의 이상 오카쿠라 텐신 지음 | 정천구 옮김

차의 책 오카쿠라 텐신 지음 | 정천구 옮김

차와 선 이토 고칸(伊藤古鑑) 지음 | 김용환 · 송상숙 옮김

침묵의 이면에 감추어진 역사 우르와쉬 부딸리아 지음 | 이광수 옮김

빼앗긴 사람들 우르와시 부딸리아 편저

힌두교, 사상에서 실천까지 가빈 플러드 지음 | 이기연 옮김

인도의 두 어머니, 암소와 갠지스 김경학 · 이광수 지음

인도사에서 종교와 역사 만들기 이광수 지음

무상의 철학 타니 타다시 지음 | 권서용 옮김

다르마키르티의 철학과 종교 키무라 토시히코 지음 | 권서용 옮김

인도인의 논리학 카츠라 쇼류 지음 | 권서용 외 옮김

불교의 마음사상 요코야마 고이츠 지음 | 김용환 · 유리 옮김

재미있는 사찰 이야기 한정갑 지음

대한민국 명찰답사33 한정갑 지음

불교와 마음 황정원 지음

중국 근대불교학의 탄생 김영진 지음 *2018 대한민국학술원 우수학술도서

흩어진 모래 이종민 지음 *2014 대한민국학술원 우수학술도서

근대 동아시아의 종교다원주의와 유토피아 장재진 지음 *2012 문화체육관광부 최우수학술
도서